Generis
PUBLISHING

Derechos humanos indígenas en Panamá: un análisis documental de las vulneraciones persistentes por parte del Estado

Bernardino Sánchez Bejerano

Title: ***Derechos humanos indígenas en Panamá: un análisis documental de las vulneraciones persistentes por parte del Estado***

ISBN: 979-8-89966-690-2

Author: Bernardino Sánchez Bejerano

Cover image: www.unsplash.com

Publisher: Generis Publishing
Online orders: www.generis-publishing.com
Contact email: info@generis-publishing.com

Derechos humanos indígenas en Panamá: un análisis documental de las vulneraciones persistentes por parte del Estado

Indigenous Human Rights in Panama: A Critical Documentary Analysis of Ongoing State Infringements

Autor:
Bernardino Sánchez Bejerano
Correo electrónico: bernardino.sanchez@udellpa.edu.pa
Afiliación: Universidad de los Llanos del Pacífico (UDELPA), Facultad de Ciencias de la Educación, Ciudad de Panamá, Panamá
ORCID: https://orcid.org/0009-0008-7532-2529

Correo Electronico Personal: dinoverdad@gmail.com

CONTENIDO

PRÓLOGO

Derechos Humanos Indígenas en Panamá: un análisi documental de las vulneraciones persistentes por parte del Estado.

Presentación del problema

La situación de los pueblos indígenas constituye uno de los desafíos más relevantes para la consolidación de sociedades democráticas, inclusivas y plurales en América Latina. A pesar de los avances normativos alcanzados durante las últimas décadas mediante instrumentos internacionales, reformas constitucionales y reconocimientos jurídicos de los derechos colectivos, las poblaciones indígenas continúan enfrentando profundas desigualdades estructurales que limitan el ejercicio efectivo de sus derechos humanos fundamentales.

La persistencia de conflictos territoriales, la expansión de actividades extractivas sobre territorios ancestrales, las limitaciones en la implementación de la consulta previa, libre e informada, la discriminación histórica y las brechas en educación, salud y participación política evidencian que el reconocimiento formal de derechos no siempre se traduce en condiciones reales de justicia social. Esta contradicción revela la existencia de estructuras históricas de exclusión que continúan reproduciendo formas contemporáneas de colonialidad y subordinación.

En América Latina, los pueblos indígenas han desarrollado procesos permanentes de resistencia frente a modelos de desarrollo que privilegian la explotación económica de los recursos naturales sobre la protección de los derechos colectivos. Desde la Amazonía hasta Centroamérica, las comunidades indígenas han impulsado importantes luchas por la defensa de sus territorios, la preservación de sus culturas y el reconocimiento de sus sistemas propios de organización social y política.

Panamá no constituye una excepción dentro de este panorama regional. Los pueblos Ngäbe-Buglé, Guna, Emberá-Wounaan, Naso Tjër Di y Bribri han logrado importantes conquistas jurídicas y políticas, entre ellas la creación de comarcas indígenas, el reconocimiento de formas de propiedad colectiva y el establecimiento de marcos normativos orientados a la protección de sus derechos. Sin embargo, continúan enfrentando desafíos significativos relacionados con la seguridad territorial, la implementación efectiva de la consulta previa, la protección ambiental, la educación intercultural bilingüe y el acceso a servicios públicos de calidad.

Estas problemáticas adquieren especial relevancia en un contexto global caracterizado por la creciente presión sobre los recursos naturales, el cambio climático, la expansión de proyectos extractivos y la necesidad de construir modelos de gobernanza más inclusivos y sostenibles. En consecuencia, el estudio de los derechos indígenas no debe limitarse a una perspectiva jurídica, sino que requiere una aproximación interdisciplinaria que incorpore dimensiones históricas, culturales, políticas, ambientales y educativas.

Justificación

La presente obra surge de la necesidad de contribuir al análisis crítico de la situación de los derechos humanos de los pueblos indígenas en Panamá desde una perspectiva decolonial e intercultural. Aunque existe una creciente producción académica sobre derechos indígenas en América Latina, los estudios específicos sobre Panamá continúan siendo relativamente escasos, particularmente aquellos que integran enfoques provenientes de la teoría decolonial, la interculturalidad crítica y el pluralismo jurídico.

La relevancia científica de esta investigación radica en la articulación de distintos campos de conocimiento para comprender las dinámicas contemporáneas de exclusión y resistencia indígena. En este sentido, la obra dialoga con los aportes de la teoría crítica latinoamericana, los estudios interculturales, la sociología jurídica, los derechos humanos y la educación intercultural bilingüe.

Asimismo, el libro busca aportar evidencia documental sistematizada que permita comprender las causas estructurales que explican la persistencia de vulneraciones a los derechos indígenas en Panamá. Más allá de la descripción de problemas específicos, se propone identificar las relaciones históricas de poder que han configurado formas diferenciadas de ciudadanía y que continúan condicionando las posibilidades de participación política, desarrollo comunitario y autodeterminación de los pueblos originarios.

Desde una perspectiva aplicada, los hallazgos de esta investigación pueden contribuir al diseño de políticas públicas más inclusivas, al fortalecimiento de los mecanismos de protección de derechos humanos y a la construcción de modelos de gobernanza intercultural capaces de reconocer la diversidad cultural como un componente fundamental de la democracia contemporánea.

Alcances de la investigación

La presente monografía analiza críticamente la situación de los derechos humanos de los pueblos indígenas en Panamá mediante una aproximación documental, jurídica e interdisciplinaria. El estudio se centra en cinco dimensiones fundamentales: territorio y propiedad colectiva, consulta previa y consentimiento informado, derechos económicos, sociales, culturales y ambientales, educación intercultural bilingüe y participación política.

El análisis incorpora la revisión de instrumentos internacionales de derechos humanos, legislación nacional, jurisprudencia regional, literatura científica especializada e informes elaborados por organismos internacionales, instituciones públicas y organizaciones indígenas. Asimismo, se establecen comparaciones con experiencias latinoamericanas que permiten contextualizar la situación panameña dentro de procesos más amplios de reconocimiento y protección de los derechos indígenas.

A través de este enfoque, la obra busca contribuir a la comprensión de los desafíos contemporáneos que enfrentan los pueblos indígenas y proponer elementos para la construcción de un modelo de Estado intercultural basado en la justicia social, el reconocimiento de la diversidad cultural y el respeto a la autodeterminación de los pueblos originarios.

CAPÍTULO I.

COLONIALIDAD, DERECHOS HUMANOS E INTERCULTURALIDAD CRÍTICA

1.1 Colonialidad del poder y subordinación indígena

La comprensión de la situación contemporánea de los pueblos indígenas exige reconocer que las desigualdades actuales no constituyen fenómenos aislados ni exclusivamente económicos. Por el contrario, forman parte de estructuras históricas de dominación que se originaron durante el proceso de colonización europea y que continúan reproduciéndose bajo nuevas formas institucionales, culturales y epistémicas.

Uno de los aportes más influyentes para comprender estas dinámicas proviene de Aníbal Quijano, quien desarrolló el concepto de colonialidad del poder para explicar la persistencia de relaciones jerárquicas construidas durante la expansión colonial europea. Según Quijano (2000), la colonialidad constituye un patrón de poder que sobrevivió al fin formal del colonialismo y que continúa organizando las relaciones sociales mediante clasificaciones raciales, culturales y económicas.

Desde esta perspectiva, los pueblos indígenas fueron históricamente ubicados en posiciones subordinadas dentro de una estructura social que privilegió conocimientos, instituciones y formas de organización provenientes de Europa. La construcción de los Estados nacionales latinoamericanos durante los siglos XIX y XX no eliminó estas jerarquías, sino que frecuentemente las reprodujo mediante políticas de integración, asimilación cultural y homogeneización nacional.

Walter Mignolo amplía esta reflexión al señalar que la colonialidad no opera únicamente sobre los cuerpos y los territorios, sino también sobre los sistemas de conocimiento. Para este autor, la modernidad occidental se encuentra inseparablemente vinculada a procesos históricos de colonización que establecieron jerarquías globales de saber y poder. Como resultado, los conocimientos indígenas fueron sistemáticamente deslegitimados, invisibilizados o considerados inferiores frente al conocimiento científico occidental.

La colonialidad del saber ha tenido profundas implicaciones para los pueblos indígenas. Durante siglos, sus sistemas educativos tradicionales, sus prácticas de gobernanza comunitaria, sus formas de relación con la naturaleza y sus cosmovisiones fueron excluidos de los espacios institucionales de producción de conocimiento. Esta exclusión contribuyó a consolidar formas de dependencia epistemológica que aún persisten en numerosos ámbitos sociales y educativos.

Por su parte, Catherine Walsh propone el concepto de interculturalidad crítica como una estrategia orientada a cuestionar estas relaciones históricas de dominación. A diferencia de enfoques multiculturales que se limitan al reconocimiento simbólico de la diversidad cultural, la interculturalidad crítica busca transformar las estructuras de poder que generan desigualdad y exclusión.

Desde esta perspectiva, los derechos indígenas deben entenderse no solamente como mecanismos jurídicos de protección, sino también como herramientas para la transformación de relaciones históricas de subordinación. El reconocimiento de la diversidad cultural implica cuestionar las formas tradicionales de organización estatal y promover nuevas formas de convivencia basadas en el respeto mutuo, la equidad y el diálogo intercultural.

La situación de los pueblos indígenas en Panamá refleja claramente estas dinámicas. Aunque el Estado ha avanzado en el reconocimiento formal de diversos derechos colectivos, persisten prácticas institucionales que limitan la participación efectiva de las comunidades en las decisiones que afectan sus territorios y modos de vida. Esta contradicción entre reconocimiento jurídico y exclusión práctica constituye una manifestación contemporánea de la colonialidad del poder.

En consecuencia, el análisis de los derechos humanos indígenas requiere una perspectiva crítica capaz de identificar los mecanismos históricos y estructurales que continúan reproduciendo desigualdades. Solo a partir de este reconocimiento resulta posible avanzar hacia modelos democráticos verdaderamente interculturales que incorporen la diversidad cultural como fundamento de la justicia social y del desarrollo humano.

1.2 Interculturalidad funcional e interculturalidad crítica

Durante las últimas décadas, la interculturalidad se ha convertido en uno de los conceptos más relevantes dentro de los debates sobre diversidad cultural, ciudadanía y derechos humanos en América Latina. Sin embargo, el término ha sido utilizado desde perspectivas diversas que responden a proyectos políticos e ideológicos diferentes. Por esta razón, resulta necesario distinguir entre la interculturalidad funcional y la interculturalidad crítica.

La interculturalidad funcional surge como una propuesta orientada a promover la convivencia pacífica entre grupos culturalmente diversos dentro de los marcos institucionales existentes. Desde esta perspectiva, la diversidad cultural es reconocida como un valor social que debe ser respetado mediante políticas de inclusión, tolerancia y reconocimiento simbólico. Los Estados adoptan medidas dirigidas a incorporar elementos culturales indígenas en los sistemas educativos, las instituciones públicas y los discursos oficiales sin cuestionar necesariamente las estructuras históricas de poder que han producido desigualdad.

Diversos autores sostienen que este enfoque puede contribuir al reconocimiento formal de la diversidad cultural, pero presenta limitaciones importantes cuando las relaciones entre grupos sociales se encuentran marcadas por profundas asimetrías económicas, políticas y epistémicas. En tales contextos, la inclusión puede convertirse en un mecanismo de integración subordinada que mantiene intactas las estructuras de dominación.

La interculturalidad crítica trasciende las perspectivas multiculturales tradicionales al cuestionar las estructuras históricas de dominación que han producido desigualdad y exclusión de los pueblos indígenas. En este sentido, se concibe como una propuesta transformadora orientada a la construcción de relaciones más equitativas entre culturas.[1]

Frente a estas limitaciones, Catherine Walsh propone el concepto de interculturalidad crítica. Este enfoque parte del reconocimiento de que las relaciones entre pueblos indígenas, afrodescendientes y sectores dominantes no son relaciones neutrales, sino que han sido históricamente configuradas por procesos de colonialismo, racismo y exclusión social.

La interculturalidad crítica no busca únicamente el diálogo entre culturas. Su objetivo fundamental consiste en transformar las estructuras de poder que generan desigualdad. Desde esta perspectiva, la diversidad cultural no debe ser entendida como un elemento folclórico o decorativo, sino como una fuente legítima de conocimientos, formas de organización social y sistemas normativos que merecen reconocimiento en igualdad de condiciones.

En el caso de los pueblos indígenas de Panamá, la interculturalidad crítica implica reconocer la legitimidad de sus formas propias de gobierno, sus sistemas

---

[1] Walsh, C. (2009). *Interculturalidad, Estado, sociedad: luchas (de)coloniales de nuestra época.* Universidad Andina Simón Bolívar, p. 41.

educativos tradicionales, sus conocimientos ecológicos y sus concepciones sobre el territorio. Asimismo, supone cuestionar modelos de desarrollo que han sido diseñados sin considerar adecuadamente las necesidades y aspiraciones de las comunidades indígenas.

La construcción de una sociedad intercultural requiere avanzar más allá de políticas de reconocimiento simbólico hacia procesos efectivos de redistribución del poder político, económico y cultural. Solo de esta manera será posible construir relaciones más equitativas entre los diversos grupos que conforman la sociedad panameña.

1.3 Derechos humanos y pluralismo jurídico

La expansión contemporánea de los derechos humanos ha contribuido significativamente al reconocimiento de los derechos colectivos de los pueblos indígenas. Sin embargo, la incorporación de estos derechos ha planteado importantes desafíos para los sistemas jurídicos tradicionales, particularmente en relación con la coexistencia de distintos sistemas normativos dentro de un mismo Estado.

El pluralismo jurídico constituye una perspectiva teórica que reconoce la existencia simultánea de múltiples órdenes normativos en una sociedad. Esta visión cuestiona la idea de que el Estado posee el monopolio absoluto de la producción jurídica y reconoce que diversos grupos sociales desarrollan mecanismos propios de regulación, resolución de conflictos y administración de justicia.

Los pueblos indígenas han mantenido históricamente sistemas normativos propios basados en sus valores culturales, cosmovisiones y formas tradicionales de organización comunitaria. Estos sistemas regulan aspectos relacionados con la convivencia social, la gestión territorial, la resolución de disputas y la preservación de la cohesión comunitaria.

Durante gran parte de la historia republicana latinoamericana, estos sistemas fueron ignorados o considerados incompatibles con el derecho estatal. La construcción de los Estados nacionales se sustentó en concepciones monistas del derecho que privilegiaron la uniformidad jurídica y la centralización institucional.

Sin embargo, a partir de finales del siglo XX, diversos países latinoamericanos comenzaron a incorporar el reconocimiento del pluralismo jurídico en sus marcos constitucionales. Este proceso estuvo estrechamente vinculado al fortalecimiento de los movimientos indígenas y al desarrollo del derecho internacional de los derechos humanos.

El pluralismo jurídico contemporáneo reconoce que la coexistencia de distintos sistemas normativos no constituye una amenaza para la unidad estatal, sino una expresión legítima de la diversidad cultural. No obstante, también plantea desafíos complejos relacionados con la coordinación entre jurisdicciones, la protección de derechos fundamentales y la definición de mecanismos de diálogo intercultural entre distintos sistemas jurídicos.

En Panamá, las autoridades tradicionales indígenas continúan desempeñando funciones relevantes en la resolución de conflictos comunitarios y en la gestión de asuntos internos. Sin embargo, persisten desafíos relacionados con el reconocimiento efectivo de sus competencias y con la articulación entre la justicia estatal y las formas indígenas de administración de justicia.

Desde una perspectiva intercultural, el pluralismo jurídico debe entenderse como una herramienta para fortalecer la autodeterminación de los pueblos indígenas y promover formas más inclusivas de gobernanza democrática.

1.4 Derechos colectivos indígenas

Uno de los aportes más significativos del movimiento internacional de derechos indígenas ha sido la consolidación del reconocimiento de los derechos colectivos. A diferencia de los derechos individuales tradicionales, los derechos colectivos reconocen que ciertos derechos pertenecen a comunidades, pueblos o grupos sociales y no únicamente a individuos considerados de manera aislada.

Esta perspectiva responde a las particularidades históricas, culturales y políticas de los pueblos indígenas. Su identidad colectiva, sus formas comunitarias de organización y su relación especial con los territorios ancestrales hacen insuficiente una protección basada exclusivamente en derechos individuales.

Los derechos colectivos constituyen una dimensión esencial para garantizar la continuidad histórica de los pueblos indígenas, ya que permiten proteger elementos fundamentales como el territorio, la identidad cultural y las formas propias de organización social.[2]

Los derechos colectivos incluyen dimensiones fundamentales como el derecho al territorio, el derecho a la libre determinación, el derecho a conservar y desarrollar

---

[2] Anaya, S. J. (2005). *Los pueblos indígenas en el derecho internacional*. Madrid: Trotta, p. 141.

instituciones propias, el derecho a la identidad cultural, el derecho a la consulta previa y el derecho al control de los recursos naturales existentes en sus territorios.

La jurisprudencia internacional ha desempeñado un papel central en la consolidación de estos derechos. La Corte Interamericana de Derechos Humanos ha establecido que la propiedad colectiva indígena constituye una manifestación específica del derecho de propiedad reconocido por los instrumentos internacionales de derechos humanos.

Asimismo, diversos organismos internacionales han reconocido que la supervivencia física y cultural de los pueblos indígenas depende estrechamente de la protección de sus territorios tradicionales. La pérdida del territorio no implica únicamente un perjuicio económico, sino también una amenaza para la continuidad de prácticas culturales, sistemas de conocimiento y formas de organización comunitaria.

En Panamá, los derechos colectivos han adquirido particular relevancia en los debates sobre minería, hidroeléctricas, conservación ambiental y desarrollo territorial. La protección efectiva de estos derechos constituye una condición indispensable para garantizar la continuidad histórica y cultural de los pueblos indígenas.

1.5 Autodeterminación y ciudadanía intercultural

La autodeterminación constituye uno de los principios fundamentales del derecho internacional contemporáneo y representa un elemento central en las reivindicaciones históricas de los pueblos indígenas. Este principio reconoce el derecho de los pueblos a determinar libremente su condición política y a perseguir su desarrollo económico, social y cultural de acuerdo con sus propias prioridades.

En el caso de los pueblos indígenas, la autodeterminación no implica necesariamente la creación de Estados independientes. Más bien, se relaciona con la capacidad de participar activamente en las decisiones que afectan sus territorios, recursos, instituciones y formas de vida.

La Declaración de las Naciones Unidas sobre los Derechos de los Pueblos Indígenas reconoce expresamente este derecho y establece que los pueblos indígenas tienen facultades para fortalecer sus instituciones políticas, jurídicas, económicas, sociales y culturales. Asimismo, reconoce su derecho a mantener relaciones constructivas con los Estados en cuyo territorio habitan.

La noción de ciudadanía intercultural surge como una respuesta a las limitaciones de los modelos tradicionales de ciudadanía. Mientras las concepciones clásicas tendían a promover la homogeneización cultural, la ciudadanía intercultural reconoce que la igualdad democrática puede coexistir con la diversidad cultural.

Desde esta perspectiva, la ciudadanía no exige la renuncia a identidades culturales diferenciadas. Por el contrario, implica la creación de condiciones que permitan la participación plena de todos los grupos sociales respetando sus particularidades históricas y culturales.

La ciudadanía intercultural supone el reconocimiento efectivo de los derechos colectivos, la participación política en condiciones de igualdad, el acceso a servicios públicos culturalmente pertinentes y la incorporación de mecanismos de diálogo intercultural en la formulación de políticas públicas.

Para Panamá, avanzar hacia una ciudadanía intercultural implica fortalecer los espacios de participación indígena, garantizar el cumplimiento efectivo de los derechos reconocidos por la legislación nacional e internacional y promover transformaciones institucionales orientadas a construir una democracia más inclusiva y plural.

La consolidación de un Estado verdaderamente intercultural requiere superar enfoques asistencialistas y avanzar hacia formas de gobernanza basadas en el respeto, la cooperación y el reconocimiento de la diversidad como fundamento de la convivencia democrática. En este sentido, la autodeterminación y la ciudadanía intercultural constituyen pilares esenciales para la construcción de relaciones más justas entre el Estado y los pueblos indígenas, así como para el fortalecimiento de la democracia en el siglo XXI.

CAPÍTULO II.
LOS PUEBLOS INDÍGENAS DE PANAMÁ: HISTORIA, IDENTIDAD Y RESISTENCIA

2.1 Panorama histórico

La historia de Panamá no puede comprenderse plenamente sin reconocer la presencia milenaria de los pueblos indígenas que habitaron el istmo mucho antes de la llegada de los europeos. Diversas investigaciones arqueológicas indican que la ocupación humana del territorio panameño se remonta a varios miles de años antes de nuestra era, configurándose sociedades complejas caracterizadas por sistemas propios de organización política, económica, espiritual y cultural.

Antes de la colonización española, el territorio panameño estaba habitado por diversos pueblos indígenas que mantenían relaciones comerciales, culturales y políticas con comunidades asentadas en otras regiones de Mesoamérica y Sudamérica. Estas sociedades desarrollaron conocimientos avanzados sobre agricultura, manejo de ecosistemas tropicales, navegación, medicina tradicional y organización comunitaria.

La llegada de los conquistadores españoles en el siglo XVI produjo profundas transformaciones en las dinámicas sociales existentes. La imposición del sistema colonial implicó procesos de despojo territorial, explotación económica, evangelización forzada y reorganización política que afectaron significativamente las formas tradicionales de vida indígena. Las epidemias introducidas por los europeos provocaron además una drástica disminución demográfica en numerosas comunidades.

A pesar de estos procesos de dominación, los pueblos indígenas desarrollaron múltiples estrategias de resistencia. Algunas comunidades se replegaron hacia regiones de difícil acceso, mientras que otras establecieron mecanismos de negociación y adaptación que les permitieron preservar elementos fundamentales de sus identidades culturales.

Durante los siglos XIX y XX, la consolidación del Estado panameño estuvo acompañada por políticas orientadas principalmente a la integración de los pueblos indígenas dentro de un modelo nacional homogéneo. Sin embargo, las luchas organizativas impulsadas por las comunidades indígenas lograron importantes avances en materia de reconocimiento territorial y autonomía política.

Los pueblos indígenas panameños han preservado formas particulares de organización política, social y cultural que constituyen una parte fundamental de la diversidad nacional y del patrimonio histórico del país.[3]

La creación de las comarcas indígenas constituyó uno de los hitos más significativos de este proceso. Estas entidades político-administrativas representan mecanismos de reconocimiento de derechos colectivos y formas de autogobierno que distinguen a Panamá dentro del contexto latinoamericano.

Actualmente, los pueblos indígenas panameños continúan desempeñando un papel fundamental en la conservación de la biodiversidad, la preservación de conocimientos ancestrales y la defensa de los derechos humanos. No obstante, enfrentan desafíos persistentes relacionados con pobreza, exclusión social, conflictos territoriales y limitaciones en el acceso a servicios públicos de calidad.

2.2 El pueblo Ngäbe-Buglé

El pueblo Ngäbe-Buglé constituye la población indígena más numerosa de Panamá. Su territorio principal se encuentra en la Comarca Ngäbe-Buglé, creada mediante la Ley 10 de 1997, aunque también existen comunidades asentadas en diversas provincias del país.

Los Ngäbe y los Buglé poseen identidades culturales diferenciadas, aunque comparten numerosos elementos históricos y territoriales. Tradicionalmente han desarrollado formas de subsistencia basadas en la agricultura familiar, complementadas por actividades de pesca, caza y recolección.

La organización social de las comunidades Ngäbe-Buglé se caracteriza por una fuerte cohesión comunitaria y por la presencia de autoridades tradicionales que desempeñan funciones relevantes en la resolución de conflictos y la toma de decisiones colectivas. La figura del Congreso General Ngäbe-Buglé constituye uno de los principales espacios de representación política del pueblo.

Desde una perspectiva cultural, la lengua Ngäbere representa uno de los principales elementos identitarios. Asimismo, las prácticas agrícolas tradicionales, los conocimientos medicinales, las expresiones artísticas y las ceremonias espirituales

[3] Roquebert León, J. L. (2017). "Educación intercultural bilingüe indígena en Panamá". *Tareas*, 155, p. 120.

continúan desempeñando funciones esenciales en la reproducción cultural de las comunidades.

No obstante, diversos indicadores sociales evidencian que la Comarca Ngäbe-Buglé enfrenta algunas de las mayores brechas de desarrollo humano del país. Los desafíos relacionados con acceso a salud, educación, agua potable, infraestructura y oportunidades económicas continúan afectando a numerosas comunidades.

En las últimas décadas, el pueblo Ngäbe-Buglé ha protagonizado importantes movilizaciones sociales vinculadas a la defensa del territorio, la protección ambiental y la oposición a proyectos extractivos considerados incompatibles con sus formas de vida y cosmovisiones.

2.3 El pueblo Guna

El pueblo Guna representa uno de los ejemplos más destacados de organización política indígena en América Latina. Su territorio principal se encuentra en la Comarca Guna Yala, localizada en la costa caribeña de Panamá, aunque también existen comunidades en las comarcas de Madungandí y Wargandí.

La historia contemporánea del pueblo Guna está profundamente marcada por la Revolución Tule de 1925, acontecimiento que constituyó una respuesta frente a políticas estatales orientadas a la asimilación cultural. Este proceso permitió consolidar niveles significativos de autonomía política y reconocimiento de las autoridades tradicionales.

La organización social guna se estructura en torno a congresos comunitarios y regionales que constituyen espacios fundamentales para la deliberación colectiva. Los sahilas, líderes tradicionales de las comunidades, desempeñan funciones centrales en la conducción política y espiritual.

La lengua dulegaya constituye uno de los pilares de la identidad cultural guna. Asimismo, destacan expresiones artísticas reconocidas internacionalmente, como las molas, complejas composiciones textiles que reflejan conocimientos históricos, cosmológicos y culturales transmitidos entre generaciones.

La relación entre territorio y cultura ocupa un lugar central dentro de la cosmovisión guna. El mar, las islas y los ecosistemas costeros forman parte integral de sus formas de vida, lo que explica su activa participación en iniciativas relacionadas con conservación ambiental y adaptación al cambio climático.

2.4 Los pueblos Emberá y Wounaan

Los pueblos Emberá y Wounaan habitan principalmente en la Comarca Emberá-Wounaan y en diversas comunidades ubicadas en las provincias de Darién y Panamá.

Aunque comparten ciertas experiencias históricas y territoriales, los Emberá y los Wounaan poseen identidades culturales diferenciadas, expresadas en lenguas, tradiciones y formas organizativas propias.

Históricamente, estos pueblos han mantenido una estrecha relación con los ecosistemas fluviales y forestales del Darién. Los ríos constituyen importantes vías de comunicación y desempeñan funciones esenciales dentro de las dinámicas económicas y culturales de las comunidades.

Los conocimientos ecológicos tradicionales desarrollados por los Emberá y Wounaan han contribuido significativamente a la conservación de algunos de los ecosistemas con mayor biodiversidad de Panamá. Sus prácticas de manejo sostenible de recursos naturales representan valiosas alternativas frente a modelos extractivos que generan degradación ambiental.

La producción artesanal constituye otro elemento distintivo de estos pueblos. Las tallas en madera, cestería y otras manifestaciones artísticas reflejan complejos sistemas simbólicos asociados a sus cosmovisiones.

En la actualidad, las comunidades Emberá y Wounaan enfrentan desafíos vinculados a la presión sobre sus territorios, la expansión de actividades económicas externas y los efectos del cambio climático sobre los ecosistemas que sustentan sus modos de vida.

2.5 El pueblo Naso Tjër Di

El pueblo Naso Tjër Di habita principalmente en la cuenca del río Teribe, en la provincia de Bocas del Toro. Constituye uno de los pueblos indígenas con menor población en Panamá, pero posee una rica tradición histórica y cultural.

Una característica singular del pueblo Naso es la existencia histórica de una monarquía tradicional, institución que ha desempeñado un papel importante en la cohesión política y cultural de la comunidad. Esta forma particular de organización refleja la diversidad de experiencias políticas existentes entre los pueblos indígenas panameños.

Durante décadas, el pueblo Naso impulsó procesos de reivindicación territorial orientados al reconocimiento jurídico de sus tierras ancestrales. Estos esfuerzos culminaron con la creación de la Comarca Naso Tjër Di, representando un avance significativo en materia de reconocimiento de derechos colectivos.

La conservación de la lengua naso y de los conocimientos tradicionales constituye uno de los principales desafíos contemporáneos para la comunidad. Diversas iniciativas educativas y culturales buscan fortalecer los procesos de revitalización lingüística y transmisión intergeneracional de conocimientos.

2.6 El pueblo Bribri

El pueblo Bribri posee presencia tanto en Panamá como en Costa Rica, configurando una realidad transfronteriza que refleja dinámicas históricas anteriores a la delimitación de fronteras nacionales.

En Panamá, las comunidades Bribri se encuentran principalmente en la provincia de Bocas del Toro. Su organización social, espiritualidad y sistemas de conocimiento mantienen estrechos vínculos con prácticas ancestrales transmitidas durante generaciones.

La cosmovisión Bribri enfatiza la interdependencia entre seres humanos, naturaleza y espiritualidad. Esta concepción influye en sus formas de organización social, manejo territorial y relaciones comunitarias.

La lengua bribri constituye un componente esencial de la identidad cultural del pueblo. Sin embargo, al igual que ocurre con otras lenguas indígenas, enfrenta desafíos derivados de procesos de desplazamiento lingüístico y presiones asociadas a la globalización cultural.

Las comunidades Bribri han desarrollado importantes iniciativas orientadas a la conservación de conocimientos tradicionales, la protección ambiental y el fortalecimiento de procesos educativos culturalmente pertinentes.

2.7 Diversidad lingüística y cultural

La diversidad lingüística constituye una de las expresiones más importantes de la riqueza cultural de Panamá. Las lenguas indígenas representan sistemas complejos de conocimiento que contienen información histórica, ecológica, filosófica y espiritual acumulada a lo largo de generaciones.

Las lenguas Ngäbere, Buglere, Dulegaya, Emberá, Wounaan, Naso y Bribri no son únicamente medios de comunicación. Constituyen vehículos fundamentales para la transmisión de cosmovisiones, valores culturales y conocimientos tradicionales relacionados con la naturaleza, la organización social y la memoria colectiva.

La preservación de esta diversidad lingüística adquiere especial relevancia en un contexto global caracterizado por la acelerada desaparición de numerosas lenguas indígenas. La pérdida de una lengua implica también la pérdida de conocimientos únicos desarrollados por los pueblos a lo largo de su historia.

La legislación panameña ha avanzado en el reconocimiento de las lenguas indígenas y en la promoción de la Educación Intercultural Bilingüe como mecanismo para fortalecer la diversidad cultural. Sin embargo, persisten importantes desafíos relacionados con la disponibilidad de materiales educativos, la formación docente y la implementación efectiva de políticas lingüísticas.

La diversidad cultural de los pueblos indígenas constituye un patrimonio invaluable para Panamá y para la humanidad. Su protección requiere políticas públicas orientadas no solamente a preservar expresiones culturales específicas, sino también a garantizar las condiciones sociales, territoriales y políticas necesarias para la continuidad histórica de los pueblos indígenas como sujetos colectivos de derechos.

CAPITULO III.

MARCO JURÍDICO NACIONAL E INTERNACIONAL DE PROTECCIÓN DE LOS DERECHOS DE LOS PUEBLOS INDÍGENAS

Introducción

En Panamá, la evolución del marco normativo ha estado influenciada tanto por las demandas históricas de los pueblos indígenas como por los compromisos asumidos en el ámbito internacional. Actualmente existe un conjunto de disposiciones constitucionales, leyes especiales e instrumentos internacionales que conforman el sistema de protección de los derechos indígenas. Sin embargo, persisten desafíos relacionados con la implementación efectiva de estos derechos y con la armonización entre la legislación nacional y los estándares internacionales más avanzados.

El presente capítulo examina los principales instrumentos jurídicos nacionales e internacionales que sustentan la protección de los pueblos indígenas en Panamá.

3.1 Constitución Política de la República de Panamá

La Constitución Política de Panamá constituye la base fundamental del ordenamiento jurídico nacional y el principal instrumento de reconocimiento de los derechos de los pueblos indígenas dentro del marco estatal.

Aunque la Constitución panameña no define expresamente al país como un Estado plurinacional o intercultural, incorpora diversas disposiciones que reconocen la existencia de comunidades indígenas con características culturales diferenciadas y establecen obligaciones estatales orientadas a garantizar su protección y desarrollo.

Uno de los principios más relevantes se encuentra en el reconocimiento de la obligación estatal de proteger la identidad étnica y cultural de los pueblos indígenas. Este mandato constitucional implica el deber de promover políticas públicas que contribuyan a preservar sus tradiciones, lenguas, formas de organización social y patrimonio cultural.

Asimismo, la Constitución reconoce la necesidad de garantizar condiciones especiales para el desarrollo económico y social de las comunidades indígenas. Este reconocimiento adquiere especial importancia debido a las históricas desigualdades que han afectado a los pueblos originarios en materia de acceso a educación, salud, infraestructura y oportunidades económicas.

Otro aspecto fundamental es el reconocimiento de la propiedad colectiva de las tierras indígenas. La protección constitucional de estos territorios responde al hecho de que la relación entre los pueblos indígenas y sus tierras ancestrales posee dimensiones culturales, espirituales, económicas y políticas que trascienden las concepciones tradicionales de propiedad individual.

La Constitución Política de Panamá destaca en su articulo 4. La Républica de Panamá acata las normas del Derecho Internacional y en su articulo 88. Las lenguas aborígenes serán objeto de especial estudio y el Estado promoverá programas de alfabetización Bilingüe en las comunidades indígenas.

Sobre el concepto de Identidad indígenas la Constitución de Panamá resa en su articulo 90. El esstado reconoce y respeta la identidad etnica de las comunidades indígenas nacionales, realizará programas tendientes a desarrollar los valores materiales, sociales y espirituales propios de cada una de las culturas y creará una institución para el estudio, conservación, divulgación de las mismas lenguas, así como para la promoción del desarrollo integral de dichos grupos humanos.

Todo esto se refuerza en la misma constitución en materia educativa y la Constituciuón de Panamá establece en el articulo 108. El Estado desarrollará programa de educación y Promoción para los grupos indígenas ya que poseen patrones culturales propios, a fin de lograr su participación activa en la función ciudadana.

En el Régimen Ecológico la Constitución establece un proceso de amparos de garantiás constitucional que en su articulo 118 resa los siguientes: Es deber fudamental del Estado garantizar que la población viva en un ambiente sano y libre de contaminación, en donde el aire, el agua y los alimentos satistagan los requerimientos del desarrollo adecuado de la vida humana.

La jurisprudencia constitucional panameña ha señalado reiteradamente que los derechos indígenas deben interpretarse de conformidad con los principios internacionales de derechos humanos, fortaleciendo así el alcance protector de las normas nacionales.

Sin embargo, diversos especialistas sostienen que el marco constitucional aún presenta limitaciones derivadas de la ausencia de un reconocimiento explícito del carácter pluriétnico y multicultural del Estado. En consecuencia, persisten debates sobre la necesidad de impulsar reformas constitucionales que fortalezcan el reconocimiento de la autodeterminación, la participación política y el pluralismo jurídico indígena.

En el Ambito Agrario se señala en el articulo 127. El Estado garantiza a las comunidades indígenas la reserva de las tierras necesarias y la propiedad colectiva de las mismas para el logro de su bienestar económico y social.

3.2 Ley 72 de 2008 sobre Propiedad Colectiva de Tierras Indígenas

La Ley 72 de 23 de diciembre de 2008 representa uno de los instrumentos más importantes para la protección territorial de los pueblos indígenas en Panamá.

Su aprobación respondió a la necesidad de garantizar seguridad jurídica a numerosas comunidades indígenas que históricamente habían quedado fuera de los límites de las comarcas oficialmente reconocidas. Estas comunidades enfrentaban riesgos permanentes de despojo territorial, invasiones, conflictos de tenencia y pérdida de recursos naturales esenciales para su subsistencia.

La ley establece procedimientos especiales para el reconocimiento y adjudicación colectiva de tierras tradicionalmente ocupadas por pueblos indígenas fuera de las comarcas existentes. De esta manera, amplía la protección territorial más allá de las estructuras administrativas tradicionales.

Desde una perspectiva de derechos humanos, la Ley 72 constituye un avance significativo porque reconoce que la propiedad colectiva indígena posee características particulares que requieren mecanismos jurídicos diferenciados. La tierra no es concebida únicamente como un bien económico, sino como un espacio de reproducción cultural, espiritual y comunitaria.

La normativa también busca garantizar la continuidad histórica de los pueblos indígenas mediante la protección de territorios que constituyen la base material de sus formas de vida. En este sentido, la ley se encuentra estrechamente vinculada con los estándares desarrollados por la Corte Interamericana de Derechos Humanos en materia de propiedad colectiva.

No obstante, la implementación práctica de la Ley 72 ha enfrentado desafíos importantes. Diversos informes han señalado demoras en los procesos de titulación, conflictos con intereses económicos privados y limitaciones institucionales que dificultan la plena efectividad de la norma.

A pesar de estas dificultades, la Ley 72 continúa siendo uno de los pilares fundamentales del sistema panameño de protección territorial indígena.

3.3 Ley 37 de 2016 y la Consulta Previa, Libre e Informada

La Ley 37 de 2 de agosto de 2016 constituye un hito relevante en la incorporación de estándares internacionales relacionados con la participación de los pueblos indígenas en decisiones que afectan sus derechos colectivos.

La consulta previa, libre e informada se fundamenta en el reconocimiento de la autodeterminación indígena y en la necesidad de garantizar procesos democráticos incluyentes que respeten las instituciones representativas de cada pueblo.

La ley establece procedimientos orientados a promover mecanismos de diálogo entre el Estado y los pueblos indígenas cuando se prevean medidas administrativas, legislativas o proyectos susceptibles de generar impactos sobre sus territorios, recursos naturales o formas de vida.

El principio de consulta previa se basa en varios elementos esenciales:

- Debe realizarse antes de adoptar decisiones definitivas.
- Debe desarrollarse de buena fe.
- Debe proporcionar información suficiente y culturalmente adecuada.
- Debe respetar los mecanismos tradicionales de representación.
- Debe buscar acuerdos mutuamente aceptables.

La aprobación de esta normativa representó un avance significativo en el reconocimiento de los derechos colectivos. Sin embargo, diversos sectores indígenas han manifestado preocupaciones respecto a la efectividad de su implementación.

Entre los principales desafíos identificados destacan las dificultades para garantizar procesos culturalmente pertinentes, la ausencia de procedimientos claros para situaciones que requieren consentimiento y las tensiones derivadas de proyectos extractivos o de infraestructura impulsados por intereses económicos nacionales e internacionales.

La experiencia comparada latinoamericana demuestra que la consulta previa constituye uno de los mecanismos más importantes para prevenir conflictos socioambientales y fortalecer la gobernanza intercultural.

El marco jurídico nacional e internacional de protección de los pueblos indígenas ha experimentado avances significativos durante las últimas décadas. La Constitución panameña, la Ley 72 de 2008, la Ley 37 de 2016, la Declaración de las Naciones Unidas sobre los Derechos de los Pueblos Indígenas y el Sistema Interamericano de Derechos Humanos conforman un entramado normativo que reconoce derechos colectivos fundamentales relacionados con territorio, identidad cultural, participación política y autodeterminación.

Sin embargo, el principal desafío contemporáneo no radica únicamente en el reconocimiento formal de estos derechos, sino en su implementación efectiva. La persistencia de conflictos territoriales, presiones extractivas y desigualdades estructurales evidencia la necesidad de fortalecer mecanismos institucionales capaces de garantizar plenamente los estándares desarrollados por el derecho internacional de los derechos humanos.

En este contexto, la protección de los pueblos indígenas constituye no solo una obligación jurídica, sino también una condición indispensable para la construcción de sociedades democráticas, interculturales y socialmente justas.

En el ambito del Marco Jurídico Internacional de Protección de los Derechos Humanbos de los Pueblos Indígenas podemos señalar que la protección de los derechos de los pueblos indígenas ha experimentado una transformación significativa durante las últimas décadas. Históricamente, los sistemas jurídicos nacionales tendieron a ignorar o minimizar las particularidades culturales, territoriales y políticas de los pueblos originarios, promoviendo modelos de integración que frecuentemente implicaban procesos de asimilación cultural y pérdida de autonomía.

Sin embargo, a partir de la segunda mitad del siglo XX, la consolidación del derecho internacional de los derechos humanos impulsó el reconocimiento progresivo de los pueblos indígenas como sujetos colectivos de derechos. Este cambio paradigmático permitió superar enfoques exclusivamente individualistas para incorporar dimensiones relacionadas con territorio, identidad cultural, autodeterminación, participación política y control sobre recursos naturales.

En América Latina, este proceso ha sido fortalecido por la acción de organismos internacionales, movimientos indígenas, tribunales regionales y reformas constitucionales que han contribuido a consolidar estándares jurídicos cada vez más robustos. Panamá forma parte de esta evolución normativa, aunque persisten desafíos importantes relacionados con la implementación efectiva de los derechos reconocidos internacionalmente.

El presente capítulo examina los principales instrumentos internacionales de protección de los derechos indígenas, así como la jurisprudencia más relevante desarrollada por el Sistema Interamericano de Derechos Humanos.

3.1 Declaración de las Naciones Unidas sobre los Derechos de los Pueblos Indígenas

La Declaración de las Naciones Unidas sobre los Derechos de los Pueblos Indígenas (DNUDPI), adoptada por la Asamblea General en 2007, constituye uno de los instrumentos más importantes en materia de protección internacional de los pueblos originarios.

El reconocimiento de la libre determinación constituye uno de los pilares fundamentales del derecho internacional contemporáneo en materia de pueblos indígenas, al permitir que estos definan libremente sus prioridades de desarrollo económico, social y cultural.[4]

Aunque jurídicamente no posee carácter vinculante equivalente al de un tratado internacional, la Declaración representa el consenso más amplio alcanzado por la comunidad internacional respecto a los derechos fundamentales de los pueblos indígenas y ha influido significativamente en la interpretación de normas nacionales e internacionales.

Uno de los aportes centrales de la Declaración consiste en el reconocimiento explícito del derecho a la libre determinación. El artículo 3 establece que los pueblos indígenas tienen derecho a determinar libremente su condición política y a perseguir su desarrollo económico, social y cultural de acuerdo con sus propias prioridades.

Este reconocimiento marca una ruptura con visiones históricas que consideraban a los pueblos indígenas como simples minorías culturales sujetas a políticas estatales de integración. La Declaración los reconoce como pueblos con identidad propia, titulares de derechos colectivos y con capacidad para participar activamente en las decisiones que afectan sus territorios y formas de vida.

Otro aspecto fundamental es la protección de la identidad cultural. La Declaración reconoce el derecho de los pueblos indígenas a conservar y fortalecer sus instituciones políticas, jurídicas, económicas, sociales y culturales. Asimismo,

---

[4] Organización de las Naciones Unidas (2007). *Declaración de las Naciones Unidas sobre los Derechos de los Pueblos Indígenas*, artículo 3.

establece garantías para la preservación de lenguas, tradiciones, conocimientos ancestrales y patrimonio cultural.

La dimensión territorial ocupa un lugar central dentro del instrumento. Diversos artículos reconocen el derecho a las tierras, territorios y recursos tradicionalmente poseídos, ocupados o utilizados por los pueblos indígenas. Este reconocimiento responde al hecho de que la relación entre territorio e identidad constituye uno de los elementos fundamentales para la supervivencia física y cultural de estos pueblos.

La Declaración también incorpora el principio de consulta previa, libre e informada. Los Estados deben consultar de buena fe a los pueblos indígenas antes de adoptar medidas legislativas o administrativas susceptibles de afectarles directamente. Este principio ha adquirido creciente relevancia en contextos relacionados con proyectos extractivos, infraestructura y explotación de recursos naturales.

En el contexto panameño, la Declaración proporciona un marco interpretativo esencial para la protección de los derechos de los pueblos Ngäbe-Buglé, Guna, Emberá-Wounaan, Naso Tjër Di y Bribri, particularmente en relación con territorio, educación intercultural, participación política y gobernanza comunitaria.

3.2 Convenio 169 de la Organización Internacional del Trabajo

El Convenio 169 de la Organización Internacional del Trabajo (OIT), adoptado en 1989, constituye el instrumento internacional jurídicamente vinculante más importante en materia de derechos indígenas.

A diferencia de la Declaración de Naciones Unidas, el Convenio posee fuerza obligatoria para los Estados que lo ratifican. Su contenido representa una evolución significativa respecto al antiguo Convenio 107 de la OIT, el cual mantenía una orientación más integracionista.

El Convenio 169 parte del reconocimiento de que los pueblos indígenas poseen identidades culturales propias y que tienen derecho a controlar sus instituciones, formas de vida y procesos de desarrollo.

Entre sus disposiciones más relevantes destaca el reconocimiento del derecho a participar en la formulación, aplicación y evaluación de políticas públicas que les afecten. Esta participación debe realizarse mediante mecanismos apropiados y respetando las instituciones representativas de cada pueblo.

El Convenio también establece obligaciones específicas relacionadas con educación intercultural, salud, empleo, formación profesional y desarrollo económico. Particularmente relevante resulta el reconocimiento del derecho a una educación que responda a las necesidades culturales y lingüísticas de los pueblos indígenas.

En materia territorial, el instrumento reconoce la importancia especial que tienen las tierras y territorios para las culturas indígenas. Asimismo, establece la obligación de proteger los recursos naturales existentes en dichos territorios y garantizar mecanismos efectivos de participación en su utilización, administración y conservación.

Uno de los aspectos más influyentes del Convenio ha sido el desarrollo del principio de consulta previa. Este mecanismo exige que los Estados consulten a los pueblos indígenas cada vez que se prevean medidas susceptibles de afectarles directamente.

Aunque Panamá aún no ha ratificado el Convenio 169, sus principios han influido significativamente en el desarrollo normativo nacional y en la interpretación de los derechos indígenas por parte de diversos actores institucionales.

La eventual ratificación del Convenio constituye una de las principales demandas de numerosas organizaciones indígenas panameñas y representa uno de los desafíos pendientes para el fortalecimiento del marco jurídico nacional.

3.3 Sistema Interamericano de Derechos Humanos

El Sistema Interamericano de Derechos Humanos ha desempeñado un papel decisivo en la consolidación de estándares jurídicos avanzados para la protección de los pueblos indígenas en América Latina.

Integrado principalmente por la Comisión Interamericana de Derechos Humanos (CIDH) y la Corte Interamericana de Derechos Humanos, este sistema ha desarrollado una extensa jurisprudencia orientada a garantizar derechos colectivos, territoriales y culturales.

Una de sus principales contribuciones consiste en la interpretación evolutiva de la Convención Americana sobre Derechos Humanos. Aunque este tratado no contiene disposiciones específicas sobre pueblos indígenas, la Corte ha interpretado diversos artículos a la luz de principios contemporáneos de derechos humanos.

A través de esta metodología, la Corte ha reconocido que el derecho de propiedad protegido por la Convención incluye formas colectivas de propiedad indígena. Asimismo, ha establecido obligaciones estatales relacionadas con delimitación territorial, consulta previa, protección ambiental y participación política.

La Comisión Interamericana también ha desempeñado funciones relevantes mediante informes temáticos, medidas cautelares y mecanismos de monitoreo que contribuyen a visibilizar situaciones de vulneración de derechos indígenas en la región.

La influencia del Sistema Interamericano ha sido particularmente significativa en países latinoamericanos caracterizados por conflictos relacionados con territorio, recursos naturales y proyectos extractivos. Sus decisiones han contribuido a consolidar estándares que actualmente orientan reformas legislativas, políticas públicas y decisiones judiciales nacionales.

3.4 Jurisprudencia relevante de Derechos Humanos Indígenas

Caso Comunidad Mayagna (Sumo) Awas Tingni vs. Nicaragua (2001)

La sentencia Awas Tingni constituye uno de los precedentes más importantes en la historia del derecho internacional indígena.

La jurisprudencia interamericana ha consolidado el criterio de que la propiedad colectiva indígena constituye una condición indispensable para la preservación de la identidad cultural y la supervivencia de los pueblos originarios.[5]

En este caso, la Corte Interamericana determinó que la propiedad colectiva indígena se encuentra protegida por el artículo 21 de la Convención Americana. La decisión reconoció que la relación entre pueblos indígenas y territorio trasciende aspectos económicos y constituye un elemento fundamental para la identidad cultural y la supervivencia colectiva.

La Corte ordenó al Estado nicaragüense delimitar, demarcar y titular las tierras tradicionales de la comunidad.

---

[5] Corte Interamericana de Derechos Humanos. *Caso Comunidad Mayagna (Sumo) Awas Tingni vs. Nicaragua*(2001), párr. 149.

Esta sentencia transformó la comprensión jurídica del derecho de propiedad en América Latina y estableció las bases para decisiones posteriores relacionadas con territorios indígenas.

Podemos concluir que el **Caso Comunidad Mayagna (Sumo) Awas Tingni vs. Nicaragua (2001)**

Esta sentencia estableció por primera vez que el derecho de propiedad reconocido por la Convención Americana protege también las formas colectivas de propiedad indígena.

La Corte reconoció que la relación entre territorio e identidad cultural constituye un elemento esencial para la supervivencia de los pueblos indígenas y ordenó al Estado nicaragüense delimitar y titular las tierras tradicionales de la comunidad.

Este fallo marcó un precedente histórico para toda América Latina.

Caso Pueblo Saramaka vs. Surinam (2007)

El caso Saramaka profundizó significativamente los estándares establecidos en Awas Tingni.

La Corte reconoció que los pueblos tribales e indígenas tienen derecho a participar efectivamente en decisiones relacionadas con proyectos de desarrollo o inversión susceptibles de afectar sus territorios.

Asimismo, estableció tres salvaguardas fundamentales:

1. Consulta efectiva.
2. Estudios de impacto ambiental y social.
3. Distribución equitativa de beneficios.

Este fallo fortaleció el principio de consentimiento previo frente a proyectos susceptibles de generar impactos significativos sobre territorios indígenas.

Caso Pueblos Indígenas Kuna de Madungandí y Emberá de Bayano vs. Panamá (2014)

Esta decisión posee especial relevancia para Panamá.

La Corte concluyó que el Estado panameño violó diversos derechos de las comunidades afectadas por la construcción de la represa hidroeléctrica de Bayano. Las comunidades habían sido desplazadas de sus territorios tradicionales sin que existieran mecanismos adecuados de protección, compensación y reconocimiento territorial.

La sentencia ordenó adoptar medidas orientadas a garantizar la delimitación, demarcación y titulación efectiva de los territorios indígenas afectados.

Asimismo, reafirmó la obligación estatal de proteger los derechos territoriales colectivos y prevenir nuevas vulneraciones relacionadas con proyectos de desarrollo.

El caso Bayano constituye uno de los principales referentes jurídicos para comprender los desafíos contemporáneos de la protección territorial indígena en Panamá.

3.5 Nuevos desarrollos jurisprudenciales latinoamericanos

Durante la última década, la jurisprudencia interamericana ha continuado evolucionando hacia una protección más integral de los derechos indígenas.

Las decisiones recientes han fortalecido especialmente la relación entre derechos territoriales, protección ambiental y derechos humanos. La Corte ha reconocido que la degradación ambiental puede comprometer directamente la supervivencia cultural y física de los pueblos indígenas.

Asimismo, se observa una creciente incorporación de conceptos relacionados con cambio climático, biodiversidad, derechos bioculturales y protección de pueblos en aislamiento voluntario.

Estos desarrollos reflejan una comprensión cada vez más amplia de los desafíos que enfrentan los pueblos indígenas en el siglo XXI. La protección jurídica ya no se limita exclusivamente a la propiedad territorial, sino que incorpora dimensiones relacionadas con gobernanza ambiental, justicia climática, conocimiento tradicional y sostenibilidad.

Para Panamá, estos avances ofrecen importantes herramientas normativas para fortalecer la protección de los pueblos Ngäbe-Buglé, Guna, Emberá-Wounaan, Naso Tjër Di y Bribri. Sin embargo, la efectividad de estos estándares dependerá de la capacidad institucional para traducir los compromisos internacionales en políticas públicas concretas y mecanismos efectivos de garantía de derechos.

El desarrollo del derecho internacional indígena representa una de las transformaciones más significativas del sistema contemporáneo de derechos humanos.

Instrumentos como la Declaración de las Naciones Unidas sobre los Derechos de los Pueblos Indígenas, el Convenio 169 de la OIT y la jurisprudencia interamericana han contribuido a consolidar un marco normativo robusto orientado a la protección de los derechos colectivos.

No obstante, el principal desafío continúa siendo la implementación efectiva de estos estándares. La existencia de normas avanzadas no garantiza por sí misma la eliminación de desigualdades históricas ni la protección integral de los pueblos indígenas. En consecuencia, resulta indispensable analizar la manera en que estos principios son incorporados dentro de los marcos jurídicos nacionales y las políticas públicas, cuestión que será abordada en el siguiente capítulo dedicado al Estado panameño y la construcción de una ciudadanía diferenciada.

A manera de conclusión podemos señalar que

CAPÍTULO IV.

EL ESTADO PANAMEÑO Y LA CONSTRUCCIÓN DE UNA CIUDADANÍA DIFERENCIADA

Introducción

La relación entre el Estado panameño y los pueblos indígenas ha estado marcada por tensiones históricas entre integración, reconocimiento y autonomía. Desde la constitución de la República en 1903, las políticas públicas dirigidas hacia las poblaciones indígenas oscilaron entre enfoques asimilacionistas, que buscaban incorporarlas a un modelo homogéneo de nación, y procesos de reconocimiento gradual de sus particularidades culturales, lingüísticas y territoriales.

Durante gran parte del siglo XX, la construcción del Estado nacional se sustentó en una concepción monocultural de ciudadanía, basada en la idea de una identidad nacional uniforme. Esta visión invisibilizó la diversidad étnica existente en el país y limitó el reconocimiento efectivo de los derechos colectivos de los pueblos originarios. Sin embargo, la creciente organización política indígena y la influencia de los movimientos internacionales de derechos humanos impulsaron importantes transformaciones jurídicas e institucionales.

Actualmente, Panamá es reconocido en América Latina por haber desarrollado mecanismos relativamente avanzados de reconocimiento territorial indígena mediante la creación de comarcas y el establecimiento de normas orientadas a la protección de la diversidad cultural. No obstante, persisten desafíos significativos relacionados con la implementación efectiva de estos derechos y con la construcción de una ciudadanía verdaderamente intercultural.

El presente capítulo analiza el proceso de reconocimiento jurídico de los pueblos indígenas en Panamá, las principales normas que regulan sus derechos colectivos y los desafíos contemporáneos asociados a la gobernanza intercultural.

4.1 Reconocimiento constitucional

La Constitución Política de la República de Panamá incorpora diversas disposiciones relacionadas con la protección de los pueblos indígenas. Aunque no define expresamente al país como un Estado plurinacional o intercultural, reconoce la existencia de grupos indígenas con características culturales diferenciadas y establece obligaciones estatales orientadas a la protección de sus identidades.

Entre los principios constitucionales más relevantes destaca el reconocimiento de la obligación estatal de promover el desarrollo integral de las comunidades indígenas mediante políticas orientadas a mejorar sus condiciones económicas, sociales y culturales. Asimismo, la Constitución contempla mecanismos especiales para la protección de tierras colectivas y recursos naturales vinculados a estas comunidades.

La evolución constitucional panameña refleja una transición gradual desde modelos centrados en la integración cultural hacia enfoques más cercanos al reconocimiento de la diversidad. Sin embargo, diversos especialistas sostienen que aún existen limitaciones importantes debido a la ausencia de un reconocimiento explícito de la plurinacionalidad y de los derechos de autodeterminación en términos comparables a los existentes en otros países latinoamericanos.

Desde una perspectiva de derechos humanos, el reconocimiento constitucional debe interpretarse en armonía con los estándares internacionales desarrollados por las Naciones Unidas, la Organización Internacional del Trabajo y el Sistema Interamericano de Derechos Humanos. Esta interpretación permite ampliar la protección jurídica de los pueblos indígenas más allá de los límites establecidos por la legislación nacional.

El reconocimiento constitucional de la diversidad cultural debe complementarse con mecanismos efectivos que garanticen la participación política, la protección territorial y el respeto a la autonomía de los pueblos indígenas.[6]

Uno de los principales desafíos actuales consiste en garantizar que los principios constitucionales se traduzcan en mecanismos efectivos de protección territorial, participación política y acceso equitativo a servicios públicos culturalmente pertinentes.

---

[6] Yrigoyen Fajardo, R. (2011). *El horizonte del constitucionalismo pluralista: del multiculturalismo a la descolonización*, p. 34.

4.2 Comarcas indígenas y autonomía

La creación de las comarcas indígenas constituye uno de los avances más significativos en materia de reconocimiento de derechos colectivos en Panamá. Estas entidades territoriales representan espacios de autonomía administrativa, política y cultural que permiten a los pueblos indígenas ejercer determinadas formas de autogobierno dentro del marco constitucional del Estado.

Las comarcas surgieron como resultado de procesos históricos de movilización y negociación impulsados por los propios pueblos indígenas. Su establecimiento respondió a la necesidad de reconocer jurídicamente territorios ancestrales y crear mecanismos institucionales que permitieran preservar formas propias de organización social.

Las comarcas indígenas oficialmente reconocidas en Panamá fueron creadas mediante leyes específicas que establecen su territorio, organización política y derechos colectivos. A continuación, se presentan las principales comarcas y sus respectivas normas de creación:

Comarca Indígena	Instrumento Jurídico de Creación	Fecha
Comarca Guna Yala	Ley N.° 16, que reorganiza la antigua Comarca de San Blas y adopta la denominación Kuna Yala (hoy Guna Yala)	19 de febrero de 1953
Comarca Emberá-Wounaan	Ley N.° 22, por la cual se crea la Comarca Emberá de Darién (actual Emberá-Wounaan)	8 de noviembre de 1983
Comarca Ngäbe-Buglé	Ley N.° 10, por la cual se crea la Comarca Ngäbe-Buglé y se establecen otras disposiciones	7 de marzo de 1997
Comarca Guna de Madungandí	Ley N.° 24, por la cual se crea la Comarca Kuna de Madungandí (actual Guna de Madungandí)	12 de enero de 1996
Comarca Guna de Wargandí	Ley N.° 34, por la cual se crea la Comarca Kuna de Wargandí (actual Guna de Wargandí)	25 de julio de 2000
Comarca Naso Tjër Di	Ley N.° 188, por la cual se crea la Comarca Naso Tjër Di	4 de diciembre de 2020

Las seis comarcas reconocidas actualmente representan a los pueblos Guna, Emberá, Wounaan, Ngäbe, Buglé y Naso. Además, existen territorios indígenas colectivos reconocidos mediante otras figuras jurídicas, aunque sin categoría de comarca.

La existencia de regímenes especiales de autonomía territorial representa una manifestación concreta de ciudadanía intercultural, en la medida en que permite armonizar la igualdad jurídica con el reconocimiento de la diversidad cultural.[7]

Estas estructuras territoriales poseen autoridades tradicionales reconocidas por el Estado y cuentan con mecanismos propios de representación política. Los congresos generales desempeñan funciones esenciales en la toma de decisiones comunitarias y en la defensa de los intereses colectivos.

Las comarcas constituyen ejemplos relevantes de gobernanza intercultural debido a que permiten articular instituciones estatales con formas indígenas de organización política. Sin embargo, continúan enfrentando limitaciones relacionadas con financiamiento, coordinación institucional y capacidad administrativa.

Asimismo, diversos conflictos vinculados a recursos naturales y proyectos de desarrollo evidencian que el reconocimiento territorial no siempre garantiza un control efectivo sobre las decisiones que afectan los territorios indígenas.

4.3 Ley 72 de 2008 y la propiedad colectiva de tierras indígenas

La Ley 72 de 23 de diciembre de 2008 representa un instrumento fundamental para la protección de los derechos territoriales indígenas en Panamá. Esta norma establece procedimientos especiales para la adjudicación colectiva de tierras ocupadas tradicionalmente por comunidades indígenas localizadas fuera de las comarcas oficialmente reconocidas.

La importancia de esta legislación radica en que numerosas comunidades indígenas históricamente quedaron excluidas de los límites territoriales de las comarcas. Como consecuencia, enfrentaban mayores riesgos de despojo territorial, conflictos de tenencia y dificultades para proteger recursos naturales esenciales para su subsistencia.

La Ley 72 reconoce que la relación entre pueblos indígenas y territorio posee características particulares que trascienden la noción individual de propiedad. En este sentido, incorpora mecanismos orientados a garantizar formas colectivas de tenencia compatibles con las prácticas tradicionales de las comunidades.

---

[7] Tubino, F. (2005). *La interculturalidad crítica como proyecto ético-político*, p. 86.

La aplicación de esta normativa ha permitido avances importantes en materia de seguridad territorial. No obstante, diversos estudios señalan que persisten desafíos relacionados con la lentitud de los procesos de titulación, la superposición de intereses económicos y la limitada capacidad institucional para atender todas las solicitudes existentes.

Desde una perspectiva de derechos humanos, la protección efectiva de la propiedad colectiva constituye una condición indispensable para garantizar la continuidad cultural, económica y espiritual de los pueblos indígenas.

4.4 Ley 37 de 2016 y la consulta previa

La Ley 37 de 2 de agosto de 2016 establece normas relacionadas con la consulta y el consentimiento previo, libre e informado de los pueblos indígenas en Panamá. Su aprobación representó un avance significativo en el reconocimiento de los estándares internacionales desarrollados por la jurisprudencia interamericana y por la Declaración de las Naciones Unidas sobre los Derechos de los Pueblos Indígenas.

La consulta previa constituye un mecanismo destinado a garantizar la participación efectiva de los pueblos indígenas en decisiones susceptibles de afectar sus derechos, territorios o formas de vida. Este principio se fundamenta en el reconocimiento de la autodeterminación y en la necesidad de superar prácticas históricas de exclusión política.

La Ley 37 busca establecer procedimientos orientados a promover procesos de diálogo entre instituciones estatales y autoridades indígenas. Asimismo, reconoce la importancia de respetar estructuras tradicionales de representación y toma de decisiones.

Sin embargo, diversos sectores indígenas y académicos han señalado limitaciones en la implementación práctica de esta normativa. Entre las principales preocupaciones destacan la insuficiente claridad respecto a los procedimientos de consentimiento, las dificultades para garantizar procesos culturalmente adecuados y las tensiones derivadas de proyectos extractivos o de infraestructura.

La experiencia latinoamericana demuestra que la efectividad de la consulta previa depende no solamente de la existencia de normas jurídicas, sino también de la voluntad política de los Estados para respetar los resultados de los procesos de consulta y garantizar condiciones reales de participación.

4.5 Ley 88 de 2010 y la Educación Intercultural Bilingüe

La Ley 88 de 22 de noviembre de 2010 constituye uno de los principales instrumentos jurídicos orientados a la protección de los derechos culturales y lingüísticos de los pueblos indígenas en Panamá.

Esta legislación reconoce oficialmente las lenguas y alfabetos de los pueblos indígenas del país y establece bases normativas para el desarrollo de la Educación Intercultural Bilingüe (EIB). Su aprobación respondió a demandas históricas orientadas a superar modelos educativos que habían contribuido a procesos de desplazamiento lingüístico y pérdida cultural.

La ley reconoce la importancia de incorporar contenidos educativos culturalmente pertinentes y de promover procesos de enseñanza que fortalezcan tanto las lenguas indígenas como el español. Este enfoque busca garantizar que los estudiantes indígenas puedan desenvolverse adecuadamente en distintos contextos sociales sin renunciar a sus identidades culturales.

La Educación Intercultural Bilingüe constituye mucho más que una estrategia pedagógica. Representa un mecanismo para fortalecer la identidad cultural, revitalizar conocimientos ancestrales y promover formas más inclusivas de ciudadanía.

A pesar de los avances normativos, diversos estudios han identificado desafíos relacionados con la disponibilidad de docentes bilingües, la producción de materiales educativos contextualizados y la incorporación efectiva de saberes indígenas dentro de los currículos escolares.

La consolidación de la EIB requiere políticas sostenidas de formación docente, inversión educativa y participación activa de las comunidades indígenas en el diseño de contenidos pedagógicos.

La evolución del marco jurídico panameño evidencia avances importantes en el reconocimiento de los derechos colectivos de los pueblos indígenas. La creación de las comarcas, la protección de la propiedad colectiva, la regulación de la consulta previa y el fortalecimiento de la Educación Intercultural Bilingüe representan logros significativos dentro del contexto latinoamericano.

No obstante, la existencia de normas favorables no elimina automáticamente las desigualdades históricas ni garantiza el ejercicio efectivo de los derechos reconocidos. Persisten desafíos relacionados con la implementación institucional, la participación política, la protección territorial y la construcción de mecanismos de gobernanza verdaderamente interculturales.

La consolidación de una ciudadanía diferenciada exige avanzar hacia modelos de Estado capaces de reconocer la diversidad cultural como un elemento constitutivo de la democracia. Este desafío resulta especialmente relevante en contextos marcados por conflictos territoriales, proyectos extractivos y demandas crecientes de autodeterminación.

El siguiente capítulo abordará precisamente una de las dimensiones más sensibles de esta problemática: la relación entre territorio, extractivismo y justicia ambiental en los pueblos indígenas de Panamá.

CAPITULO V.

LOS DERECHOS HUMANOS VULNERADOS DE MANERA PERSISTENTES POR PARTE DEL ESTADO PANAMEÑO

5.1 Consulta y consentimiento libre, previo e informado (CLPI)

El **derecho a la consulta y al consentimiento libre, previo e informado (CLPI)** constituye un estándar consolidado en el derecho internacional de los derechos humanos, especialmente en el marco de la **Declaración de las Naciones Unidas sobre los Derechos de los Pueblos Indígenas (2007, arts. 19 y 32)** y el **Convenio 169 de la OIT (1989)**, este último aún no ratificado por Panamá. Dicho derecho implica que los pueblos indígenas deben ser consultados, de buena fe y mediante procedimientos culturalmente apropiados, antes de la adopción de medidas legislativas, administrativas o proyectos que los afecten directamente. En casos de especial afectación —como desplazamiento forzoso, explotación intensiva de recursos o amenaza a la subsistencia cultural—, los estándares interamericanos exigen el **consentimiento** como requisito vinculante (Corte IDH, *Saramaka vs. Surinam*, 2007).

La consulta previa constituye uno de los mecanismos más importantes para garantizar la participación efectiva de los pueblos indígenas en decisiones relacionadas con proyectos que afectan sus territorios, recursos naturales y formas de vida tradicionales.[8]

En Panamá, la **Ley 37 de 2016** representó un avance normativo al establecer la consulta previa como obligatoria para toda medida susceptible de impactar [9]a los pueblos indígenas. La ley reconoce el carácter **vinculante de los acuerdos alcanzados con las autoridades tradicionales**, lo cual formaliza un espacio jurídico para la autodeterminación indígena (FAOLEX, 2016). Sin embargo, la aplicación práctica de la norma ha sido señalada como deficitaria. En proyectos hidroeléctricos —como los desarrollados en la cuenca del **río Tabasará**— y en concesiones mineras en territorios Ngäbe-Buglé, se han documentado consultas tardías, procesos informativos

[8] Comisión Interamericana de Derechos Humanos (CIDH). (2021). *Derechos de los pueblos indígenas y tribales sobre sus tierras ancestrales y recursos naturales*, p. 67.

unilaterales y ausencia de mecanismos efectivos de consentimiento (CIDH, 2021; IWGIA, 2025).

La **Comisión Interamericana de Derechos Humanos (CIDH)** ha reiterado que el Estado panameño debe garantizar que la consulta sea **previa, libre, informada y culturalmente adecuada**, con participación real de los pueblos y respeto a sus instituciones representativas. La falta de cumplimiento efectivo en Panamá responde, en gran medida, a la tensión entre el **modelo de desarrollo extractivo** y las exigencias de protección de los derechos indígenas. En ese sentido, el **Ministerio de Salud de Panamá (2022)** también ha advertido que los impactos ambientales y sociales de los megaproyectos tienen consecuencias directas sobre el derecho a la salud, al agua y a la alimentación de las comunidades, exacerbando las brechas de inequidad.

La crisis socioambiental asociada a los proyectos extractivos e hídricos en territorios indígenas revela la **interdependencia entre el CLPI y los derechos económicos, sociales, culturales y ambientales (DESCA)**. La **declaración de inconstitucionalidad de la Ley 406** (contrato entre el Estado y Minera Panamá), dictada por la **Corte Suprema de Justicia en noviembre de 2023**, constituye un hito en esta materia. El fallo reconoció la vulneración de derechos ambientales y de participación ciudadana, sentando un precedente de que la legalidad de los contratos extractivos no puede desligarse de la consulta y el consentimiento indígena. Este caso refleja la centralidad del CLPI en la protección del ambiente sano, del acceso al agua y de la alimentación culturalmente adecuada, todos ellos derechos de carácter fundamental para la subsistencia indígena.

En términos estructurales, la debilidad en la implementación del CLPI en Panamá responde a varios factores:

1. **Ausencia de ratificación del Convenio 169 de la OIT**, lo cual limita la fuerza vinculante de estándares internacionales avanzados.
2. **Vacíos institucionales** en la reglamentación y protocolos de aplicación de la Ley 37/2016, que generan inseguridad jurídica.
3. **Deficiencias en la representatividad** de las consultas, donde a menudo no se respeta la autonomía de las autoridades tradicionales.
4. **Falta de garantías de consentimiento** en proyectos de alto impacto, lo que contradice los criterios fijados por la Corte IDH.
5. **Modelo económico basado en concesiones extractivas**, que prioriza intereses comerciales sobre derechos colectivos.

5.2 Derechos económicos, sociales, culturales y ambientales (DESCA) de los pueblos indígenas en Panamá

En el contexto panameño, los **derechos económicos, sociales, culturales y ambientales (DESCA)** de los pueblos indígenas —reconocidos en instrumentos internacionales como el Pacto Internacional de Derechos Económicos, Sociales y Culturales (PIDESC, 1966), la Declaración de las Naciones Unidas sobre los Derechos de los Pueblos Indígenas (2007) y en normas internas como la Constitución de 1972 (arts. 90–127) y la Ley 37 de 2016— constituyen un núcleo indivisible de garantías vinculadas a la dignidad humana y a la supervivencia cultural. Sin embargo, su **disfrute efectivo** se ve limitado por factores estructurales, históricos y políticos que generan brechas sustantivas entre el reconocimiento formal y la realidad cotidiana.

5.3 Derecho a la salud

El derecho a la salud en territorios indígenas presenta indicadores persistentemente inferiores a la media nacional. El *Análisis de Situación de Salud de la Comarca Ngäbe-Buglé* (MINSA, 2024) documenta tasas elevadas de mortalidad materna e infantil, prevalencia de enfermedades infecciosas y déficit de personal médico, evidenciando la desigualdad territorial en el acceso a servicios y la ausencia de una **atención interculturalmente pertinente**. La falta de infraestructura sanitaria y barreras lingüísticas agravan la exclusión (Gómez & Jaén, 2022). Este panorama contradice las obligaciones derivadas del **artículo 12 del PIDESC** y de la **Observación General Nº 14** del Comité DESC, que exigen accesibilidad, aceptabilidad y calidad de los servicios.

5.4 Derecho a la educación

Estudios recientes (Quintero, 2023; IWGIA, 2025) señalan que la cobertura en niveles medio y superior sigue siendo baja, con alta deserción escolar, especialmente entre niñas y adolescentes, debido a factores como pobreza, distancia a centros educativos y currículos poco adaptados a la cosmovisión indígena. La **Educación Intercultural Bilingüe** enfrenta desafíos de financiamiento, formación docente y producción de materiales en lengua originaria, lo que debilita su potencial como herramienta de afirmación cultural. La educación intercultural bilingüe se conceptualiza como un derecho fundamental para la revitalización lingüística y la transmisión de cosmovisiones propias (García & Hernández, 2021). No obstante, autores como Jiménez y Vásquez (2020) advierten que su implementación ha sido limitada por visiones asimilacionistas y políticas educativas centralistas.

5.5 Derecho al agua y a un ambiente sano

El acceso seguro al agua potable y a un ambiente sano es un derecho fundamental reconocido en la jurisprudencia interamericana como parte de los derechos culturales y de subsistencia de los pueblos indígenas (*Corte IDH, Caso Comunidades Indígenas Miembros de la Asociación Lhaka Honhat vs. Argentina*, 2020). En Panamá, investigaciones de MiAmbiente (2023) y observaciones de la Defensoría del Pueblo (2022) han identificado afectaciones severas a cuencas y fuentes hídricas en territorios indígenas debido a proyectos hidroeléctricos y mineros, con impactos directos en la pesca, la agricultura y la salud comunitaria. El fallo de la Corte Suprema de Justicia del 28 de noviembre de 2023, que declaró inconstitucional el contrato minero con Minera Panamá, constituye un precedente relevante en la defensa del derecho ambiental y de participación de las comunidades afectadas.

5.6 Interdependencia y enfoque intercultural

Los DESCA en contextos indígenas son **interdependientes y culturalmente situados**: la salud depende del ambiente sano; la educación, del reconocimiento lingüístico y territorial; y la alimentación, de la integridad de los ecosistemas tradicionales. La Corte IDH ha establecido en el *Caso Pueblos Indígenas Kuna de Madungandí y Emberá de Bayano vs. Panamá* (2014) que la vulneración de derechos ambientales y territoriales conlleva la afectación de derechos culturales y económicos. En consecuencia, el Estado panameño está obligado no sólo a garantizar servicios, sino a hacerlo bajo un enfoque que respete la autodeterminación y la identidad cultural.

5.7 Desafíos estructurales

Los principales obstáculos para la realización efectiva de los DESCA indígenas en Panamá incluyen:

1. **Brechas territoriales** en inversión pública y prestación de servicios.
2. **Insuficiente implementación de la consulta y el consentimiento libre, previo e informado** (Ley 37/2016).
3. **Modelo extractivo** que prioriza concesiones sobre la conservación ambiental y el uso tradicional de los recursos.
4. **Ausencia de indicadores interculturales** en las políticas públicas para evaluar la pertinencia y eficacia de las intervenciones.

5.7 Integridad personal, seguridad y participación

La Defensoría del Pueblo acreditó violaciones a la integridad y uso excesivo de la fuerza contra personas Ngäbe-Buglé en operativos de 2021, evidenciando riesgos a la integridad personal y a la protesta social.

La integridad personal y la seguridad ciudadana de los pueblos indígenas en Panamá constituyen un ámbito de derechos humanos frecuentemente vulnerado, especialmente en contextos de protesta social vinculados a proyectos extractivos, hidroeléctricos y políticas públicas que afectan sus territorios. Aunque la Constitución de la República (art. 29) reconoce la inviolabilidad de la integridad física y el derecho a la seguridad, los registros recientes muestran patrones de uso excesivo de la fuerza y de criminalización de la protesta indígena.

En 2021, la Defensoría del Pueblo de Panamá documentó incidentes en los que miembros del pueblo Ngäbe-Buglé fueron objeto de represión policial durante manifestaciones en defensa de sus derechos territoriales y ambientales. El informe extraordinario señaló el uso desproporcionado de gases lacrimógenos, detenciones arbitrarias y maltratos físicos, lo que configura una violación al derecho a la integridad personal protegido en el artículo 5 de la Convención Americana sobre Derechos Humanos (CADH). Este hallazgo fue acompañado de recomendaciones al Ministerio de Seguridad y a la Policía Nacional para garantizar protocolos de actuación que respeten los estándares internacionales de derechos humanos (Defensoría del Pueblo, 2022).

Estos hechos deben analizarse dentro de un patrón más amplio de conflictividad. Como advierte Santos (2022), los pueblos indígenas en Panamá han recurrido sistemáticamente a la protesta social como mecanismo de incidencia política, dada la limitada efectividad de los canales institucionales de consulta y participación. Sin embargo, estas acciones colectivas han sido tratadas por el Estado bajo un enfoque de "seguridad pública" que prioriza el orden sobre la protección de derechos fundamentales, reproduciendo lo que autores como Restrepo (2021) denominan racismo estructural institucionalizado.

El Sistema Interamericano de Derechos Humanos ha establecido que el derecho de reunión y la protesta pacífica forman parte del núcleo de la participación democrática (CIDH, *Protesta y Derechos Humanos*, 2019). La Corte Interamericana, en casos como *López Lone y otros vs. Honduras* (2015), ha señalado que el uso excesivo de la fuerza en contextos de protesta constituye una forma de restricción ilegítima al derecho de participación política (art. 23 CADH) y una vulneración de la libertad de expresión (art. 13 CADH). Estos estándares resultan plenamente aplicables al caso panameño, donde la protesta indígena busca precisamente la defensa de derechos colectivos vinculados a la tierra, el agua y el ambiente.

Asimismo, la criminalización de líderes indígenas mediante procesos judiciales y sanciones administrativas desproporcionadas refuerza un clima de intimidación y desalienta la participación activa de las comunidades en los asuntos que las afectan. Organizaciones como Cultural Survival (2024) han alertado que esta tendencia erosiona la confianza en las instituciones y limita el ejercicio del derecho al consentimiento libre, previo e informado, reconocido por la Ley 37 de 2016.

En síntesis, las violaciones a la integridad personal de los pueblos indígenas en Panamá no son hechos aislados, sino la manifestación de un déficit estructural de garantías en materia de seguridad y participación.

El Estado panameño tiene la obligación de:

1. Revisar y adecuar sus protocolos de actuación policial bajo estándares internacionales de proporcionalidad y necesidad.
2. Fortalecer mecanismos de diálogo intercultural para prevenir conflictos.
3. Garantizar la investigación y sanción de agentes estatales que incurran en violaciones a la integridad personal.
4. Proteger a líderes y comunidades indígenas frente a la criminalización y hostigamiento.

La persistencia de estas vulneraciones refleja una tensión profunda entre el modelo de desarrollo extractivo y los derechos colectivos indígenas, que solo podrá resolverse mediante el reconocimiento pleno de su derecho a la participación política y a la protesta como formas legítimas de defensa de su existencia cultural y territorial.

1. Metodología

Este estudio se desarrolla bajo un enfoque documental y bibliográfico de carácter cualitativo. La información se obtuvo mediante la revisión sistemática de literatura secundaria: instrumentos internacionales, legislación y normativas nacionales panameñas, informes de organismos multilaterales, artículos científicos publicados en revistas indexadas (2018–2024) y pronunciamientos de organizaciones indígenas y ONGs especializadas.

Para el análisis, se utilizó una combinación de técnicas de análisis de contenido y síntesis interpretativa. Se organizaron los hallazgos en tres categorías temáticas: derecho al territorio y recursos naturales, derecho a la consulta previa y derecho a la educación intercultural bilingüe. Se enmarca en un enfoque cualitativo de carácter documental y bibliográfico, sustentado en la revisión sistemática de literatura secundaria y en el análisis de contenido. Se empleó una estrategia de búsqueda orientada a identificar investigaciones, informes institucionales, marcos normativos y literatura académica vinculada con la temática. Para ello, se consultaron diversas bases de datos académicas y repositorios especializados (Scopus, Scielo, Redalyc, Dialnet y Google Scholar), así como documentos oficiales de organismos internacionales y legislación nacional pertinente.

Los criterios de inclusión consideraron publicaciones comprendidas entre **2015 y 2025**, redactadas en español e inglés, que abordaran directa o indirectamente la educación intercultural, derechos indígenas, políticas públicas y prácticas pedagógicas en contextos latinoamericanos, con especial énfasis en Panamá. Se excluyeron fuentes sin respaldo académico, artículos de opinión no arbitrados y documentos carentes de pertinencia temática.

El proceso de análisis siguió las etapas propuestas por el método de **análisis de contenido**, que incluyó: (1) la lectura exploratoria del material; (2) la codificación temática de la información; (3) la identificación de categorías emergentes en relación con los objetivos de investigación; y (4) la síntesis interpretativa de los hallazgos. Este procedimiento permitió garantizar **coherencia, sistematicidad y trazabilidad** en la construcción de los resultados.

2. Análisis y discusión de resultados

4.1 Análisis de Resultados

A partir del análisis sistemático de las fuentes, se identifican las principales vulneraciones a los derechos humanos indígenas en Panamá, organizadas en cuatro categorías temáticas·

- **Propiedad y territorio:** La Ley 72 de 2008 establece la propiedad colectiva para pueblos fuera de comarcas, pero su implementación es lenta y limitada esto ha generado conflictos socioambientales derivados de megaproyectos hidroeléctricos y mineros que evidencian la fragilidad de la protección territorial de los pueblos originarios de Panamá. La Corte IDH condenó al Estado en el caso Madungandí y Emberá de Bayano por no garantizar la titulación y protección de sus territorios.

- **Consulta y consentimiento libre, previo e informado (CLPI):** Aunque la Ley 37 de 2016 estableció la consulta previa como obligatoria , su aplicación práctica es deficitaria. Se han documentado consultas tardías y sin consentimiento en proyectos de alto impacto en las poblaciones indígenas tales como proyecto de exploración y explotación minera y proyectos hidrolectricos. La Corte Suprema de Justicia declaró la inconstitucionalidad de la Ley 406 (contrato minero), sentando un precedente de que la legalidad de los contratos extractivos no puede desligarse del CLPI.
- **Derechos económicos, sociales, culturales y ambientales (DESCA):** Los indicadores de salud, educación y acceso a un ambiente sano en territorios indígenas son persistentemente inferiores a la media nacional. Se evidencia un déficit de personal médico , barreras lingüísticas y currículos poco adaptados. La contaminación de cuencas hídricas por proyectos extractivos afecta la salud y los medios de subsistencia de las comunidades.
- **Integridad personal, seguridad y participación:** La Defensoría del Pueblo documentó el uso desproporcionado de la fuerza contra miembros del pueblo Ngäbe-Buglé durante protestas pacíficas en 2021. La criminalización de líderes indígenas mediante procesos judiciales es una práctica recurrente que limita el derecho a la participación política.

4.2 Discusión de los Resultados

El análisis evidencia la persistencia de una lógica desarrollista que instrumentaliza los territorios y saberes indígenas, subordinándolos a intereses extractivistas y discursos de modernidad. A pesar de que Panamá cuenta con un marco legal formalmente alineado con los estándares internacionales, la brecha entre la norma y la práctica revela un incumplimiento sistemático del CLPI y otros derechos.

La literatura coincide en que la plena garantía de derechos requiere no solo la adopción de normas internacionales, como el Convenio 169 de la OIT, sino también su internalización efectiva en políticas públicas, fortalecimiento de las capacidades estatales y empoderamiento comunitario. Los conflictos territoriales y las deficiencias en la consulta y la educación intercultural bilingüe reflejan un patrón estructural de marginalización, vinculado a debilidades institucionales, desigualdades socioeconómicas y racismo estructural. La jurisprudencia reciente, como la decisión de la Corte Suprema de Justicia en 2023, refuerza la necesidad de subordinar la política extractiva a los derechos humanos y la protección ambiental.

3. Limitaciones del Estudio

Este estudio presenta varias limitaciones que deben ser reconocidas para contextualizar adecuadamente los hallazgos dentro de la investigación. Al tratarse de un análisis documental y bibliográfico, la investigación depende de la calidad, disponibilidad y actualidad de las fuentes secundarias. El análisis se centró en un periodo y en casos específicos, lo que limita la generalización de las conclusiones a todas las comunidades indígenas del país.

6. Conclusiones

Este artículo documental evidencia que los derechos humanos de los pueblos indígenas en Panamá siguen siendo vulnerados de manera estructural, particularmente en lo relativo a la protección territorial, la consulta previa y la educación intercultural bilingüe. Se concluye que la garantía plena de estos derechos exige políticas públicas coherentes con un enfoque intercultural crítico, mayor inversión presupuestaria, formación docente pertinente y fortalecimiento de los mecanismos de participación indígena como actores políticos y epistémicos.

La persistencia de las vulneraciones deriva de un entramado estructural: inseguridad territorial y lentitud administrativa; modelo extractivo con consultas deficitarias; desigualdades socioeconómicas y racismo; vacíos de implementación del CLPI y barreras de acceso a la justicia. El cumplimiento cabal de la Sentencia de la Corte IDH (2014), la consolidación de la propiedad colectiva (Ley 72/2008) y la aplicación efectiva de la Ley 37/2016 con estándares de consentimiento cuando corresponda, son condiciones necesarias para revertir estas tendencias. La decisión de la CSJ de noviembre de 2023 refuerza que la política extractiva debe subordinarse a los derechos humanos, la participación indígena y la protección ambiental.

En conclusión, aunque Panamá cuenta con un marco legal formalmente alineado con los estándares internacionales, la brecha entre norma y práctica evidencia un incumplimiento sistemático del CLPI. La jurisprudencia reciente (CSJ, 2023) y las observaciones de organismos internacionales (CIDH, IWGIA, Cultural Survival) muestran que garantizar la consulta no es solo un requisito procedimental, sino una condición de justicia ambiental y de protección a la autodeterminación de los pueblos indígenas.

7. Recomendaciones

1. Cumplimiento efectivo de los marcos jurídicos nacionales e internacionales.

Garantizar la aplicación plena de la Ley 72/2008 y de la Ley 37/2016, asegurando que los procesos de titulación colectiva sean transparentes y expeditos, y que las consultas sean previas, libres, informadas y culturalmente pertinentes, con carácter vinculante. Avanzar hacia la ratificación del Convenio 169 de la OIT para reforzar la obligatoriedad de los estándares internacionales de protección de derechos indígenas.

2. Fortalecimiento de la gobernanza intercultural y la participación indígena.

Consolidar espacios institucionales de diálogo y cogestión en los que los pueblos indígenas participen como actores políticos y epistémicos, reconociendo plenamente sus autoridades tradicionales, respetando sus sistemas normativos internos y creando mecanismos de incidencia política en decisiones sobre territorio, ambiente, educación y desarrollo.

3. Transición hacia un enfoque de justicia ambiental y superación del modelo extractivista.

Promover un modelo de desarrollo sostenible que considere el territorio como un bien cultural, espiritual y de subsistencia, y no solo como recurso económico. La jurisprudencia de la Corte IDH (2014) y la sentencia de la CSJ (2023) ofrecen bases jurídicas para priorizar el derecho a un ambiente sano, al agua y a la autodeterminación indígena frente a intereses extractivos.

4. Garantía de los Derechos Económicos, Sociales, Culturales y Ambientales (DESCA).

Diseñar políticas interculturales en salud, educación y ambiente, con indicadores de pertinencia cultural. En salud, fortalecer la atención primaria y la formación de personal con competencias interculturales. En educación, impulsar la Educación Intercultural Bilingüe (EIB) con recursos financieros, formación docente y materiales en lengua originaria, reconociéndola como herramienta de revitalización cultural.

5. Acceso a la justicia y reparación integral.

Fortalecer el sistema judicial interno, garantizando el acceso en lenguas originarias, la presencia de intérpretes, capacitación de jueces y fiscales en derechos colectivos y cumplimiento pleno de sentencias internacionales, como los casos Madungandí y Emberá de Bayano (2014).

6. Prevención de la criminalización y violencia contra pueblos indígenas.

Revisar protocolos policiales y de seguridad pública para reconocer la protesta indígena como forma legítima de participación política, erradicar la criminalización de líderes comunitarios, establecer mecanismos de protección y garantizar la investigación de violaciones a la integridad personal.

7. Investigación y producción de conocimiento desde las comunidades.

Promover metodologías participativas con protagonismo de las organizaciones indígenas en la generación de datos, equilibrando la visión documental con las narrativas propias de los pueblos originarios y orientando políticas públicas más justas y representativas.

8. REFERENCIAS

Assies, W., van der Haar, G., & Hoekema, A. (2000). *Los pueblos indígenas y la reforma del Estado en América Latina*. Fondo de Cultura Económica.

Comisión Interamericana de Derechos Humanos (CIDH). (2021). *Situación de los derechos humanos de los pueblos indígenas y tribales en la Panamazonía*. Organización de los Estados Americanos. https://www.oas.org/es/cidh

Corte Interamericana de Derechos Humanos (Corte IDH). (2014, 14 de octubre). *Caso Pueblos Indígenas Kuna de Madungandí y Emberá de Bayano y sus miembros vs. Panamá* (Serie C No. 284). https://corteidh.iachr.lls.edu

Corte Suprema de Justicia de Panamá. (2023, 28 de noviembre). *Sentencia que declara inconstitucional la Ley 406 (contrato minero con Minera Panamá)*. Gaceta Oficial de Panamá.

Defensoría del Pueblo de Panamá. (2020–2025). *Informes sobre pueblos indígenas y derechos humanos*. Defensoría del Pueblo de Panamá.

Defensoría del Pueblo de Panamá. (2022). *Informe sobre violaciones a la integridad personal en operativos policiales contra población Ngäbe-Buglé*. Defensoría del Pueblo de Panamá.

Defensoría del Pueblo de Panamá. (2023). *Informe anual sobre derechos humanos en Panamá*. Defensoría del Pueblo de Panamá.

García, P., & Hernández, M. (2021). Educación intercultural bilingüe y revitalización lingüística: Desafíos contemporáneos en América Latina. *Revista Iberoamericana de Educación, 86*(2), 45–63. https://doi.org/

Herrera, M. (2019). Políticas indígenas en Panamá: Avances y desafíos en el marco del derecho internacional de los derechos humanos. *Revista Panameña de Ciencias Sociales, 2*(4), 55–78. https://doi.org/

International Work Group for Indigenous Affairs (IWGIA). (2025). *El mundo indígena 2025 – Panamá*. IWGIA. https://www.iwgia.org

Jiménez, R., & Vásquez, D. (2020). Participación comunitaria y currículo en la educación intercultural bilingüe: Estudios de caso en Centroamérica. *Revista Educación y Sociedad, 42*(3), 101–120. https://doi.org/

Ley 37 de 2016. (2016). *Consulta y consentimiento previo, libre e informado*. Gaceta Oficial de Panamá.

Ley 72 de 2008. (2008). *Propiedad colectiva para pueblos fuera de comarcas*. Gaceta Oficial de Panamá.

López, L., & Küper, W. (2021). Interculturalidad crítica y educación indígena en contextos latinoamericanos. *Educación y Pedagogía, 33*(1), 11–29. https://doi.org/

Martí i Puig, S. (2010). Pueblos indígenas y derechos humanos en América Latina: Avances, retos y contradicciones. *Revista CIDOB d'Afers Internacionals, (92)*, 37–58. https://doi.org/

Mignolo, W. (2018). *On decoloniality: Concepts, analytics, praxis*. Duke University Press.

Ministerio de Salud de Panamá (MINSA). (2024). *Análisis de situación de salud de la Comarca Ngäbe-Buglé*. MINSA. https://www.minsa.gob.pa

Moreno, J., & Castillo, S. (2021). Consulta previa y megaproyectos: Tensiones y retos en Panamá. *Revista Centroamericana de Derechos Humanos, 15*(1), 33–52. https://doi.org/

Naciones Unidas (ONU). (2007). *Declaración de las Naciones Unidas sobre los Derechos de los Pueblos Indígenas*. ONU. https://www.un.org/development/desa/indigenouspeoples/declaration-on-the-rights-of-indigenous-peoples.html

Naciones Unidas (ONU). (2022). *Informe sobre los derechos de los pueblos indígenas*. Consejo de Derechos Humanos. https://www.ohchr.org

Observatorio de Derechos Humanos de los Pueblos Indígenas de Panamá. (2021–2024). *Informes anuales*. Universidad de Panamá. https://www.up.ac.pa

Organización Internacional del Trabajo (OIT). (2019). *Convenio 169 sobre pueblos indígenas y tribales*. OIT. https://www.ilo.org

Pérez, C., & Morales, J. (2022). Barreras estructurales en la educación indígena panameña: Una aproximación crítica. *Revista Latinoamericana de Estudios Educativos, 52*(1), 77–98. https://doi.org/

Rodríguez, A., Sánchez, B., & Delgado, R. (2023). Formación docente intercultural: Retos para la educación bilingüe en Panamá. *Revista Panameña de Investigación Educativa, 15*(2), 35–58. https://doi.org/

Rodríguez, M., & Soto, E. (2022). Consulta previa y derecho indígena en América Latina. *Revista Iberoamericana de Estudios Jurídicos, 10*(2), 77–94. https://doi.org/

Toledo Llancaqueo, M. (2020). *Territorios indígenas: Conflictos y gobernanza en América Latina*. FLACSO. https://www.flacso.org

NIVEL I. INSTRUMENTOS JURÍDICOS INTERNACIONALES (FUENTES PRIMARIAS)

Asamblea General de las Naciones Unidas. (2007). *Declaración de las Naciones Unidas sobre los Derechos de los Pueblos Indígenas* (Resolución A/RES/61/295). Naciones Unidas.

Organización Internacional del Trabajo. (1989). *Convenio sobre pueblos indígenas y tribales, 1989 (núm. 169)*. OIT.

Organización de los Estados Americanos. (1969). *Convención Americana sobre Derechos Humanos (Pacto de San José)*. OEA.

Organización de las Naciones Unidas. (1966). *Pacto Internacional de Derechos Económicos, Sociales y Culturales*. Naciones Unidas.

Organización de las Naciones Unidas. (1992). *Convenio sobre la Diversidad Biológica*. Naciones Unidas.

Comisión Económica para América Latina y el Caribe. (2018). *Acuerdo Regional sobre el Acceso a la Información, la Participación Pública y el Acceso a la Justicia en Asuntos Ambientales en América Latina y el Caribe (Acuerdo de Escazú)*. CEPAL.

Naciones Unidas. (1948). *Declaración Universal de los Derechos Humanos*. Naciones Unidas.

Organización de los Estados Americanos. (2016). *Declaración Americana sobre los Derechos de los Pueblos Indígenas*. OEA.

NIVEL II. JURISPRUDENCIA INTERNACIONAL

Corte Interamericana de Derechos Humanos. (2001). *Caso Comunidad Mayagna (Sumo) Awas Tingni vs. Nicaragua. Fondo, Reparaciones y Costas. Sentencia de 31 de agosto de 2001*. San José, Costa Rica.

Corte Interamericana de Derechos Humanos. (2005). *Caso Comunidad Indígena Yakye Axa vs. Paraguay. Fondo, Reparaciones y Costas. Sentencia de 17 de junio de 2005*. San José, Costa Rica.

Corte Interamericana de Derechos Humanos. (2006). *Caso Comunidad Indígena Sawhoyamaxa vs. Paraguay. Fondo, Reparaciones y Costas. Sentencia de 29 de marzo de 2006*. San José, Costa Rica.

Corte Interamericana de Derechos Humanos. (2007). *Caso Pueblo Saramaka vs. Surinam. Excepciones Preliminares, Fondo, Reparaciones y Costas. Sentencia de 28 de noviembre de 2007*. San José, Costa Rica.

Corte Interamericana de Derechos Humanos. (2010). *Caso Comunidad Indígena Xákmok Kásek vs. Paraguay. Fondo, Reparaciones y Costas. Sentencia de 24 de agosto de 2010*. San José, Costa Rica.

Corte Interamericana de Derechos Humanos. (2012). *Caso Pueblo Indígena Kichwa de Sarayaku vs. Ecuador. Fondo y Reparaciones. Sentencia de 27 de junio de 2012*. San José, Costa Rica.

Corte Interamericana de Derechos Humanos. (2014). *Caso Pueblos Indígenas Kuna de Madungandí y Emberá de Bayano y sus Miembros vs. Panamá. Excepciones Preliminares, Fondo, Reparaciones y Costas. Sentencia de 14 de octubre de 2014*. San José, Costa Rica.

Corte Interamericana de Derechos Humanos. (2020). *Caso Comunidades Indígenas Miembros de la Asociación Lhaka Honhat (Nuestra Tierra) vs. Argentina. Fondo, Reparaciones y Costas. Sentencia de 6 de febrero de 2020*. San José, Costa Rica.

NIVEL III. LITERATURA CIENTÍFICA INTERNACIONAL

Interculturalidad crítica y decolonialidad

Mignolo, W. D. (2010). *Desobediencia epistémica: Retórica de la modernidad, lógica de la colonialidad y gramática de la descolonialidad*. Ediciones del Signo.

Mignolo, W. D. (2018). *The darker side of Western modernity: Global futures, decolonial options*. Duke University Press.

Quijano, A. (2000). Colonialidad del poder, eurocentrismo y América Latina. En E. Lander (Ed.), *La colonialidad del saber: Eurocentrismo y ciencias sociales* (pp. 201–246). CLACSO.

Quijano, A. (2014). *Cuestiones y horizontes: De la dependencia histórico-estructural a la colonialidad/descolonialidad del poder*. CLACSO.

Walsh, C. (2009). *Interculturalidad, Estado, sociedad: Luchas (de)coloniales de nuestra época*. Universidad Andina Simón Bolívar.

Walsh, C. (2013). *Pedagogías decoloniales: Prácticas insurgentes de resistir, (re)existir y (re)vivir*. Abya-Yala.

Derechos indígenas

Anaya, J. (2004). *Indigenous peoples in international law* (2nd ed.). Oxford University Press.

Anaya, J. (2023). *The rights of Indigenous peoples under international law*. Oxford University Press.

Clavero, B. (2018). *Derechos indígenas y constituciones latinoamericanas*. Tirant lo Blanch.

Stavenhagen, R. (2011). *Los pueblos indígenas y sus derechos*. UNESCO.

Stavenhagen, R. (2016). *Derechos humanos y derechos culturales de los pueblos indígenas*. Siglo XXI Editores.

Territorio, gobernanza y sustentabilidad

Toledo Llancaqueo, V. (2005). Políticas indígenas y derechos territoriales en América Latina. *Revista de Estudios Sociales*, 21, 67–81.

Toledo, V. M., & Barrera-Bassols, N. (2008). *La memoria biocultural: La importancia ecológica de las sabidurías tradicionales*. Icaria Editorial.

Facultad Latinoamericana de Ciencias Sociales (FLACSO). (2021). *Territorios indígenas, gobernanza y conflictos socioambientales en América Latina*. FLACSO.

NIVEL V. EVIDENCIA OFICIAL PANAMEÑA E INTERNACIONAL

Defensoría del Pueblo de Panamá. (2022–2025). *Informes anuales sobre derechos humanos y pueblos indígenas en Panamá*. Defensoría del Pueblo.

Instituto Nacional de Estadística y Censo. (2024). *Panamá en cifras: Población indígena y condiciones socioeconómicas*. INEC.

Ministerio de Ambiente. (2023). *Informe nacional sobre biodiversidad y territorios indígenas*. Gobierno de Panamá.

Ministerio de Educación. (2022). *Política Nacional de Educación Intercultural Bilingüe*. MEDUCA.

Ministerio de Educación. (2024). *Informe de avances de la Educación Intercultural Bilingüe en Panamá*. MEDUCA.

Ministerio de Salud. (2023). *Situación de salud de los pueblos indígenas de Panamá*. MINSA.

Programa de las Naciones Unidas para el Desarrollo. (2024). *Informe sobre desarrollo humano y pueblos indígenas en Panamá*. PNUD.

UNICEF. (2023). *Niñez indígena en Panamá: educación, salud y protección social*. UNICEF.

UNESCO. (2023). *Diversidad lingüística y educación intercultural en Panamá*. UNESCO.

International Work Group for Indigenous Affairs. (2024). *The Indigenous World 2024*. IWGIA.

Oficina del Alto Comisionado de las Naciones Unidas para los Derechos Humanos. (2024). *Situación de los derechos de los pueblos indígenas en América Latina*. Naciones Unidas.

Sistema de las Naciones Unidas en Panamá. (2023). *Marco de Cooperación para el Desarrollo Sostenible Panamá 2023–2027*. Naciones Unidas.

9. Apéndices

A. Categorías temáticas de análisis utilizadas en el estudio

Categoría de análisis	Subcategorías	Principales fuentes consultadas
Derecho al territorio y recursos naturales	Titulación colectiva, conflictos socioambientales, jurisprudencia interamericana	Corte IDH (2014), Defensoría del Pueblo (2022), IWGIA (2025)
Derecho a la consulta previa, libre e informada (CLPI)	Normativa nacional (Ley 37/2016), estándares internacionales, casos de incumplimiento	CIDH (2021), Moreno & Castillo (2021), Cultural Survival (2024)
Derechos económicos, sociales, culturales y ambientales (DESCA)	Salud, educación intercultural bilingüe, ambiente sano y acceso al agua	MINSA (2024), García & Hernández (2021), Quintero (2023)
Integridad personal y participación política	Protesta social, criminalización de líderes, seguridad ciudadana	Defensoría del Pueblo (2022), Santos (2022), Restrepo (2021)

Apéndice B. Cronograma de hitos normativos y jurisprudenciales relevantes sobre derechos indígenas en Panamá (2000–2025)

Año	Hito	Descripción
2001	**Caso Comunidad Mayagna (Sumo) Awas Tingni vs. Nicaragua** (Corte IDH)	Aunque no involucra directamente a Panamá, estableció un precedente interamericano clave sobre propiedad comunal indígena, utilizado luego en litigios panameños.
2008	Ley 72	Reconoce el derecho a la **propiedad colectiva de tierras indígenas fuera de comarcas**, creando un mecanismo legal para su adjudicación.
2014	**Caso Pueblos Indígenas Kuna de Madungandí y Emberá de Bayano vs. Panamá** (Corte IDH)	Condena al Estado por no garantizar delimitación, demarcación y titulación de territorios tras la construcción de la represa de Bayano. Sentencia vinculante.
2016	Ley 37	Establece el **derecho a la consulta y consentimiento libre, previo e informado (CLPI)**, con carácter vinculante para proyectos que afecten a pueblos indígenas.
2021	**Informe Defensoría del Pueblo**	Documenta violaciones a la integridad personal de miembros Ngäbe-Buglé durante protestas contra proyectos hidroeléctricos y mineros.
2022	**Informes Defensoría del Pueblo y ONU**	Alertan sobre criminalización de líderes indígenas y falta de aplicación efectiva de la Ley 37/2016.
2023	**Corte Suprema de Justicia de Panamá** (noviembre)	Declara la **inconstitucionalidad de la Ley 406** (contrato minero con Minera Panamá). Reconoce la primacía de derechos ambientales y de participación ciudadana, con efectos directos en territorios indígenas.

www.ingramcontent.com/pod-product-compliance
Lightning Source LLC
La Vergne TN
LVHW050344210926
848481LV00017B/1367
9798899666902